作りおきで 何度もおいしい
おかずのタネ

忙しくても、ちゃんとごはんを作りたい。
その願いを叶えてくれる魔法のタネ、
それが おかずのタネ です。
選りすぐりの30のタネで、
ごはん作りがぐんとラクになります。

おかずのタネとは？

日もちがする

- この本で紹介する「おかずのタネ」は、どれも 3日以上、冷蔵庫で保存 できます。
- ほとんどのタネが 冷凍保存 もできます。

そのまま食べられる

- 「おかずのタネ」は、そのまますぐに、食卓に出せます。
※温め直しが必要なものもあります。

冷蔵庫にストックできて、
そのまま食べてよし、アレンジしてよし。
一度作ると、何度もおいしい。
おかずのタネがあると、もう毎日のおかずに困りません。

アレンジできる

- 少し手を加えるだけで、 和・洋・中のおかずに変化 するので、食べ飽きることがありません。

- アレンジ方法は、どれもかんたん。
食材や調味料を少したすだけで、時間もかかりません。

たとえば
とりチャーシュー
(p.16) から

ピリ辛とりチャーシュー

チキンブロッコリーサラダ

とりとかぶのさっと煮

とりチャーシュー丼

とりチャーシューサンド

おかずの タネがあると

心にゆとりができます

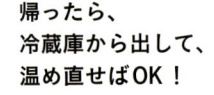

すぐに野菜が食べられます

手軽に野菜不足を解消！

洗って切って、加熱して…野菜をイチから調理するのは、何かと大変。

時間があるときに、まとめて調理して、おかずのタネに。

冷蔵庫から出すだけで、毎日の献立に野菜のおかずをプラス。

食材のムダが減り、節約にも

つい買いすぎてしまうお買い得食材。とりあえず冷蔵庫か冷凍庫へ…でも、結局ムダにしてしまう。

そんなときは、おかずのタネにして、保存。

タネにしておけば、すぐに食べられるから、食材がムダにならない！

INDEX

肉 おかずのタネ

1 p.12 牛肉のすき煮
- 牛丼 ……… 13
- キムチチゲ ……… 13
- トマト・ハッシュドビーフ ……… 14
- 牛肉とえのきの落とし卵 ……… 15
- 牛肉とピーマンのピリ辛炒め ……… 15

2 p.16 とりチャーシュー
- とりチャーシュー丼 ……… 17
- ピリ辛とりチャーシュー ……… 17
- とりとかぶのさっと煮 ……… 18
- チキンブロッコリーサラダ ……… 19
- とりチャーシューサンド ……… 19

3 p.20 とりハム
- とりハムの豆サラダ ……… 21
- とりハムのチーズ焼き ……… 21
- とりハムサンド ……… 22
- とりハムと残り野菜のスープ ……… 23
- とりハムと豆苗のシャキシャキ炒め ……… 23

4 p.24 煮豚と煮卵
- 煮豚と水菜のサラダ ……… 25
- 煮豚の中華そば ……… 25
- 煮豚と野菜の甘から炒め ……… 26
- 煮豚ときゅうりのからしあえ ……… 27
- 煮豚むすび ……… 27

5 p.28 肉そぼろ
- そぼろと野菜の手巻き ……… 29
- じゃがいものそぼろあえ ……… 29
- エッグ・オン・そぼろライス ……… 30
- そぼろとキャベツの焼き春巻き ……… 31
- マーボー厚揚げ ……… 31

6 p.32 ミートボール
- 照り焼きミートボール
  ＆ケチャップミートボール ……… 33
- ミートボールのわかめスープ ……… 33
- ミートボールと野菜の甘酢あん ……… 34
- 揚げミートボール ……… 35
- ミートボールのクリーム煮 ……… 35

7	p.36 ミートローフ	ミートローフと温野菜のピンチョス … 37
		ロコモコ丼 … 37
		ピザ風ミートローフ … 38
		和風おろしミートローフ … 39
8		アボカドバーガー … 39
9	p.40 紅茶豚	紅茶豚と三つ葉の混ぜごはん … 41
		紅茶豚と長いものオイスター炒め … 41
	p.42 カレー豚	カレー豚のキャベツ巻き … 43
		カレー豚のチャーハン … 43
10	p.44 手羽先の香味ゆで	手羽先の水炊き風鍋 … 45
		手羽先のロースト … 45

魚介 おかずのタネ

11	p.48 えびの甘酢漬け	えびとキャベツのごま酢あえ … 49
		えびの手まりずし … 49
		えびと野菜の生春巻き … 50
		えびたまベーグルサンド … 51
		エスニック風えびめん … 51
12	p.52 さけのレンジ蒸し	さけと三つ葉のおろしあえ … 53
		さけのはらこ飯風 … 53
		さけのねぎソースがけ … 54
		さけそぼろ … 55
13		さけときのこのスパゲティ … 55
	p.56 さけの焼きびたし	さけとねぎの南蛮漬け風 … 57
		さけの磯辺焼き … 57
14	p.58 かつおのしぐれ煮	かつおのみぞれ煮 … 59
		かつお飯 … 59
15	p.60 自家製ツナ	ツナのニース風サラダ … 61
		ツナのトマトクリームパスタ … 61
16	p.62 いかのマリネ	いかとたまねぎのサラダ … 63
		いかときゅうりのさっと炒め … 63

野菜おかずのタネ

17 p.70 しょうゆきのこ
- きのことキャベツのおひたし …… 71
- 豚きのこの せいろそば …… 71
- 魚のソテー・きのこソース …… 72
- スパイシーきのこサラダ …… 73
- とうふのきのこあん …… 73

18 p.74 塩はくさい
- 塩はくさいのちょいのせ3種 …… 75
- はくさいと豚肉の重ね蒸し …… 75
- はくさいのあんかけかた焼きそば …… 76
- はくさいとサーモンのマリネ …… 77
- はくさいとほたてのクリーム煮 …… 77

19 p.78 たまねぎソース
- たまねぎドレッシングの とうふサラダ …… 79
- 春雨のたまねぎソース炒め …… 79
- 豚肉のたまねぎソース焼き …… 80
- オニオングラタン風スープ …… 81
- たまねぎソースの卵とじうどん …… 81

20 p.82 キャベツのザワークラウト
- ホットドッグ …… 83
- ザワークラウトのポトフ …… 83
- キャベツのメンチカツ …… 84
- コールスロー …… 85
- 牛肉とセロリのさっと炒め …… 85

21 p.86 青菜のナムル
- 青菜のチーズおかかあえ …… 87
- 青菜のだし巻き卵 …… 87
- 青菜たっぷりぎょうざ …… 88
- 青菜のごまあえ …… 89
- 青菜とじゃこのチャーハン …… 89

22 p.90 夏野菜のワイン蒸し
- ベジライス …… 91
- 夏野菜とツナのぶっかけそうめん …… 91
- 夏野菜たっぷりドライカレー …… 92
- ベジオムレツ …… 93
- 夏野菜とあさりのミネストローネ …… 93

23 p.94 ごまひじき
- ひじきのおむすび＆卵焼き …… 95
- ひじきとれんこんのマヨサラダ …… 95
- ひじきの塩つくね …… 96
- しめじのひじき炒め …… 97
- ひじきとねぎのお焼き …… 97

24 p.98 切り干しだいこんマリネ
- 切り干しだいこんのレタスカナッペ …… 99
- 切り干しだいこんのせカルパッチョ …… 99

25 p.100 にんじんマリネ
- にんじんとチーズのサラダ …… 101
- にんじんの卵炒め …… 101

26 p.102 もやしのナムル
- もやしとえびの塩焼きそば …… 103
- もやしの肉巻き …… 103

27 p.104 マッシュポテト
- 即席ポテトサラダ …… 105
- コーンポテトグラタン …… 105

28 p.106 塩かぼちゃ
- はちみつレモンかぼちゃ …… 107
- 即席かぼちゃサラダ …… 107

29 p.108 ごぼうの塩きんぴら
- ごぼうライス …… 109
- ごぼうスープ …… 109

30 p.110 だしだいこん
- 即席おでん …… 111
- だいこんと牛肉のステーキ …… 111

column

- おかずのタネとは？ …… 2
- おかずのタネがあると …… 4
- おかずのタネ　冷蔵保存のコツ …… 46
- おかずのタネを詰めるだけ！　朝のスピード弁当 …… 64
- おかずのタネ　冷凍保存のコツ …… 68

この本の表記について

● **作り方**
この本のレシピは、冷蔵保存したタネを基本にしています。冷凍保存したタネを使うときは、解凍して使いましょう。 ▶p.68

● **計量の単位**
大さじ1＝15mℓ　小さじ1＝5mℓ　カップ1＝200mℓ　＊mℓ＝cc

● **材料の重さ**
皮や種などを除かない状態の重量(g)です。

● **電子レンジ**
加熱時間は500Wのめやす時間です。600Wなら加熱時間を0.8倍、700Wなら0.7倍にして、ようすを見ながら加熱してください。

● **フライパン**
フッ素樹脂加工のフライパンを使用しています。

● **だし**
かつおぶしでとっただしを使います。市販のだしの素は表示どおりに使い、ほかの調味料の塩分は控えめにします。

● **スープの素**
ビーフ、チキンなどは好みで。顆粒または粉状のものを使います。「固形スープの素」も、けずれば顆粒と同様に使えます。「中華スープの素」は「チキンスープの素」で代用できますが、はじめは量を控えめにし、味をみて調整します。

● **保存期間のめやす**
作ったその日を含めた、おおよそのめやすです。夏場など、冷蔵庫の開け閉めが増える時期は、少し早めに使いきりましょう。

マークについて

 調理にかかる時間のめやすです。材料と道具はそろえておきます。

まな板いらず	まな板と包丁を使わずに作れます。
コンロいらず	コンロの火と鍋を使わずに作れます。
電子レンジ	電子レンジで作れます。
弁当	お弁当に使えます。

肉おかずのタネ

ボリュームがあり、元気の源になる肉。
肉おかずのタネがあると、
冷蔵庫から出してすぐに、主菜ができます。
忙しいときの心強い味方です。

牛肉のすき煮

牛肉は買いやすい切り落とし肉で充分。うま味にもなるたまねぎを加えてボリュームUP。
みんなが大好きな、すき焼き風の味つけで、和洋中にアレンジできます。

材料（できあがり量：約650g）

牛切り落とし肉	300g
たまねぎ	大1個（300g）
A｜砂糖	大さじ2
A｜しょうゆ	大さじ2
A｜酒	大さじ2
水	100ml

作り方（調理時間20分）

1 たまねぎは5mm幅に切る。肉はひと口大に切る。

2 鍋にAを合わせる。肉を加え、箸でほぐす。強火にかけ、混ぜながら加熱する。

3 肉の色が変わったら、たまねぎと分量の水を加える。ふたはしないで、時々上下を返しながら、中火で4～5分煮る。汁気が少し残る程度で火を止める。

Memo

牛肉は価格が手ごろな「切り落とし」や「こま切れ」で充分。適度に脂身が混ざっているほうがおいしくできます。

Point

加熱前に、鍋の中で肉と調味料を混ぜておくと、味がしっかりつきます。肉もほぐしやすく、作りやすい。

保存方法

冷蔵で3日
保存容器に入れる。

冷凍で1か月
ラップで包み、保存袋に入れる。

まずはそのまま。たまねぎ多めでヘルシーです
🌱 牛丼

3 min

| まな板いらず | 電子レンジ | 弁当 |

材料（1人分／1人分519 kcal）

牛肉のすき煮 ……………………………150g
温かいごはん ……………………………150g
紅しょうが ………………………………少々

作り方

1 牛肉のすき煮は、ラップをかけ、電子レンジで1分30秒〜2分（500W）加熱して温める。

2 器にごはんを盛り、1をのせて紅しょうがを添える。

キムチを加えて韓国風に
🌱 キムチチゲ

10 min

材料（2人分／1人分364 kcal）

牛肉のすき煮 ……………………………300g
とうふ（もめん）…………小1丁（200g）
はくさいキムチ …………………………100g
にら ………………………………………30g

作り方

1 にらは3〜4cm長さに切る。キムチは大きければ食べやすく切る。とうふは6等分に切る。

2 鍋に牛肉のすき煮を入れ、中火にかける。煮立ったら、とうふとキムチを入れる。再び煮立ったら弱火にし、5〜6分煮る（ふたはしない・途中で上下を返す）。

3 2を鍋の端に寄せ、にらを加えて約1分煮る。

トマトの酸味とうま味で、洋風のコクのある味わいに
🌱 トマト・ハッシュドビーフ

材料（2人分／1人分629kcal）

牛肉のすき煮	300g
トマト	2個（300g）
しめじ	1パック（100g）
バター	10g

Ⓐ
- トマトケチャップ……大さじ3
- 中濃ソース……大さじ1

- 塩・こしょう……各少々
- 温かいごはん……300g
- パセリ（みじん切り）……少々

作り方

1. トマトはへたを除き、3～4cm角に切る。しめじは根元を切り落とし、小房に分ける。
2. 深めのフライパンにバターを温め、しめじを中火で炒める。油がまわったら、トマトを加えてさらに炒める。
3. 牛肉のすき煮とⒶを加える。煮立ったら弱火にして、5～6分煮る（ふたはしない）。塩、こしょうで味をととのえる。
4. 器にごはんを盛り、3をかける。パセリを散らす。

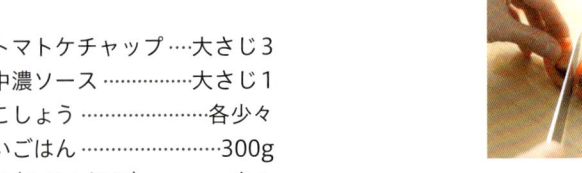

しょうゆ味の牛肉とトマトが意外によく合います。短時間で作れるのに、コクのある味わい。

さっと作れて、ほっとする味わい
牛肉とえのきの落とし卵

⏱ 10 min

材料（2人分／1人分354 kcal）
- 牛肉のすき煮 ……………………… 300g
- 卵 ………………………………………… 2個
- えのきだけ ……………… 1パック（100g）
- 三つ葉 …………………………………… 4本
- しょうゆ ………………………………… 小さじ1

作り方
1. えのきだけは根元を切り落とし、長さを半分にしてほぐす。三つ葉は3cm長さに切る。
2. 鍋に牛肉のすき煮を入れ、中火にかける。煮立ったら、えのきを加えて全体を混ぜる。えのきがしんなりしてきたら、しょうゆを加え、ひと混ぜする。
3. くぼみを作って卵を割り入れ、弱めの中火で2〜3分煮る。卵が好みのかたさになったら、器に盛り、三つ葉をのせる。

野菜と炒めて、ボリュームUP
牛肉とピーマンのピリ辛炒め

⏱ 10 min

弁当

材料（2人分／1人分314 kcal）
- 牛肉のすき煮 ……………………… 300g
- ピーマン …………………… 5個（160g）
- しょうが ……………………… 1かけ（10g）
- ごま油 ………………………………… 大さじ1/2
- 豆板醤（トウバンジャン） ……………… 小さじ1/3〜1/2
- しょうゆ ………………………………… 小さじ1

作り方
1. ピーマンは5mm幅に切る。しょうがは皮をこそげ、せん切りにする。
2. フライパンにごま油を温め、しょうがを中火で炒める。香りが出てきたら、豆板醤を加えてさっと炒める。
3. ピーマンを加えて炒める。しんなりしたら、牛肉のすき煮を加え、全体を混ぜながら炒める。しょうゆを回し入れ、ひと混ぜして火を止める。

タネ 2 とりチャーシュー

とりもも肉を切らずに調理して、しっとりジューシーな仕上がりに。
にんにくじょうゆが香るたれは、酢が入っているので、コクがあるのにあっさりしています。

材料（できあがり量：約400g）

とりもも肉	2枚(500g)
にんにく	1片(10g)
しょうが	1かけ(10g)
A 砂糖	大さじ3
A しょうゆ	大さじ3
A 酒	大さじ3
A 酢	大さじ3

作り方（調理時間25分）

1. 深めのフライパンにAを合わせる。にんにく、しょうがをすりおろして加える。
2. 1のフライパンを中火にかけ、煮立ったら、とり肉を皮を下にして入れる。時々煮汁を肉にかけながら、中火で約10分煮る（ふたはしない）。肉を裏返し、同様に約10分煮る。
3. もう一度肉を裏返す。少し火を強め、煮汁が少なくなって皮に照りが出るまで煮つめる。

Memo
とりむね肉でも同様に作れます。肉に厚みがあるものは、厚みを半分に切るか切りこみを入れて、火通りをよくしましょう。

Point
とり肉に時々たれをかけながら煮ます。味がよくしみ、おいしく仕上がります。

保存方法

冷蔵で5日
たれごと保存容器に入れる。

冷凍で1か月
ラップで包み、保存袋に入れる。

まずはそのまま、シンプルに
とりチャーシュー丼

3 min

電子レンジ

材料（1人分／1人分475 kcal）
とりチャーシュー	50g
温泉卵（市販品）	1個
焼きのり	1/4枚
温かいごはん	150g

作り方
1 とりチャーシューは耐熱皿に入れ、ラップをかけて電子レンジで約2分（500W）加熱して軽く温める。食べやすく切る。
2 器にごはんを盛り、のりをちぎってのせる。1をたれごとのせ、温泉卵をのせる。

ピリ辛だれをかけると、ひと味変わります
ピリ辛とりチャーシュー

5 min

コンロいらず

材料（2人分／1人分259 kcal）
とりチャーシュー	150g
きゅうり	1本
トマト	1個（150g）
〈ピリ辛だれ〉	
酢	大さじ1
砂糖	小さじ1
豆板醤（トウバンジャン）	小さじ1/2
しょうゆ	小さじ2
ごま油	小さじ1

作り方
1 きゅうりは縦半分に切り、斜め薄切りにする。トマトは半分に切り、7～8mm幅に切る。
2 とりチャーシューは、食べやすい厚さのそぎ切りにする。
3 たれの材料を合わせる。
4 器に1と2を盛り、たれをかける。

タネからよい味が出て、だし不要
とりとかぶのさっと煮

10 min

弁当

材料（2人分／1人分166 kcal）
とりチャーシュー ……………… 100g
かぶ …………………… 2個 (200g)
かぶの葉 …………………………… 少々
A｜水 ………………………… 100ml
 ｜酒 ………………………… 大さじ1
塩 …………………………………… 少々

作り方

1 かぶは4等分のくし形に切り、皮をむく。とりチャーシューはひと口大に切る。

2 かぶの葉は熱湯でさっとゆでる。水にとって水気をしぼり、4cm長さに切る。

3 鍋にAと1を入れ、中火にかける。かぶがやわらかくなるまで、5～6分煮る（ふたはしない）。味をみて、塩で味をととのえる。器に盛り、2を添える。

水と酒だけで煮ます。とりチャーシューからよい味が出るので、充分おいしい。

サラダに加えて、ボリュームUP

チキンブロッコリーサラダ

弁当

材料（2人分／1人分209 kcal）

とりチャーシュー ……………100g
ブロッコリー ………………150g
たまねぎ ……………………30g
A ┃ マヨネーズ …………大さじ1
　 ┃ 粒マスタード …………小さじ1
　 ┃ 塩・こしょう …………各少々

作り方

1 ブロッコリーは小房に分け、熱湯で2～3分ゆでて水気をきる。たまねぎは薄切りにする。とりチャーシューは2cm角に切る。
2 ボールにAを合わせ、1を加えてあえる。

ごちそう感があります

とりチャーシューサンド

コンロいらず　弁当

材料（1人分／1人分364 kcal）

とりチャーシュー ……………50g
サラダ菜 ……………………2枚
ピクルス ……………………20g
クレソン（あれば） ……………1枝
フランスパン ………………60g
　バター ……………………5g

作り方

1 とりチャーシューは薄いそぎ切りにする。ピクルスは縦に薄切りにする。
2 フランスパンは横に切りこみを入れ、内側にバターを塗る。サラダ菜、とりチャーシュー、ピクルス、クレソンをはさむ。

19

3 とりハム タネ

ヘルシーでお手頃価格のとりむね肉を使って、しっとりおいしいハムを作ります。作り方はかんたんで、ひと晩ねかせてゆでるだけ。塩気とうま味がクセになる、シンプルな味わいです。

材料
（できあがり量：2本約500g）

- とりむね肉 …………… 2枚(600g)
- A
  - 砂糖 …………………… 大さじ1/2
  - 粗塩* ……………………… 大さじ1
- *ふつうの塩でも。

作り方（調理時間20分 ※おく時間、さます時間は除く）

【前日】とりむね肉の皮や脂肪を除く。ポリ袋に肉とAを順に入れ、よくもみこむ。冷蔵庫でひと晩（約8時間以上）おく。

1. 肉の表面をさっと洗い、ペーパータオルで水気をふく。

2. ラップを横長に広げ（30×40cm）、1を皮がついていた側を下にしてのせる。ラップで肉をきっちりと巻く。ラップの片端をねじって結ぶ。結び目を下にして、肉を上からぎゅっと押しこみ、ラップのもう一方の端をねじって結ぶ。もう1枚の肉も同様に包む。

3. 厚手の鍋にたっぷりの湯を沸かし、2を入れる。再沸騰後は弱火にし、約10分ゆでる（ふたはずらしてのせ、途中で1～2回上下を返す）。

4. 火を止めてふたをし、湯につけたままさます。さめたらとり出し、ラップをはずして水気をふく。

Point

肉を巻いたあと、ラップの片端を結んだら、上からぎゅうぎゅう肉を押しこんでもう一方の端を結びます。余分なラップの端は切りましょう。

保存方法

冷蔵で 4～5日
保存容器に入れる。ラップで包むと、乾燥しにくい。

冷凍で 1か月
ラップで包み、保存袋に入れる。

いろんな食感が楽しい1品です
🌱 とりハムの豆サラダ

7 min

コンロいらず　弁当

材料（2人分／1人分158 kcal）

とりハム······60g
ミックスビーンズ（水煮）······50g
きゅうり······1本
パプリカ（黄）······1/4個（40g）
ミニトマト······4個
〈ドレッシング〉*

酢······大さじ1
塩······小さじ1/8
白ワイン······小さじ1
こしょう······少々
サラダ油······大さじ1・1/2

*市販のフレンチドレッシングなどでも。

作り方

1 きゅうりは縦半分にして、5mm幅に切る。パプリカは1cm角に切る。ミニトマトは半分に切る。とりハムは1cm角に切る。
2 ボールにドレッシングの材料を混ぜ合わせる。
3 2に1とミックスビーンズを加え、あえる。10分以上おくと、味がなじんでよりおいしい。

おつまみにぴったり
🌱 とりハムのチーズ焼き

10 min

コンロいらず　弁当

材料（2人分／1人分157 kcal）

とりハム（1cm厚さ）······6枚（約120g）
ミニトマト······6個
ピザ用チーズ······40g
こしょう······少々

作り方

1 ミニトマトは縦に4等分する。
2 オーブントースターの受け皿にアルミホイルを敷き、とりハムを並べる。ミニトマトとチーズをのせる。
3 オーブントースターで3〜4分、チーズが溶けるまで焼く。器に盛り、こしょうをふる。

厚切りハムのおいしさを味わえるのは、手作りならでは
とりハムサンド

5 min

コンロ いらず　弁当

材料（2個分／1個268 kcal）

とりハム（5mm厚さ）……4枚（約40g）
好みのパン ……………………2個
　バター ………………………5g
サラダ菜 ………………………2枚
紫たまねぎ* ……………………20g
A │ 粒マスタード ………小さじ1/2
　│ マヨネーズ …………大さじ1/2
＊ふつうのたまねぎでも。

作り方

1. たまねぎは薄切りにし、水にさらして水気をきる。Aは合わせておく。
2. パンは横に切りこみを入れ、バターを塗る。
3. パンにサラダ菜、たまねぎ、とりハム、Aをはさむ。

ボリュームを出したいときは、とりハムをもっと厚めにしても。

とりハムは仕上げに加えて、やわらかく
とりハムと残り野菜のスープ

5 min

材料（2人分／1人分41 kcal）
とりハム……………………………40g
残り野菜……………………………計120g
　（写真はキャベツ80g＋たまねぎ
　30g＋にんじん10g）
A｜水………………………………350mℓ
　｜スープの素…………………小さじ1/2
しょうゆ………………………小さじ1/2
塩・こしょう………………………各少々

作り方
1 野菜は食べやすく切る（キャベツは1cm幅、たまねぎは薄切り、にんじんは薄い半月切り）。とりハムは縦半分にして、薄切りにする。
2 鍋にAとにんじんを入れて火にかける。沸騰したら、残りの野菜を加え、ふたをして弱火で1〜2分煮る。
3 野菜がやわらかくなったら、しょうゆととりハムを加えてさっと煮る。塩、こしょうで味をととのえる。

栄養満点の豆苗とささっと炒めて
とりハムと豆苗のシャキシャキ炒め

5 min

弁当

材料（2人分／1人分72 kcal）
とりハム……………………………60g
豆苗………………………1パック（正味100g）
しょうが……………………………1かけ（10g）
ごま油………………………………小さじ1
A｜酒………………………………大さじ1/2
　｜しょうゆ……………………小さじ1/2
　｜塩…………………………………少々

作り方
1 豆苗は根元を切り落とし、長さを半分に切る。しょうがはせん切りにする。とりハムは細切りにする。Aは合わせておく。
2 フライパンにごま油を温め、しょうがを中火で炒める。香りが出てきたら、豆苗を加えてさっと炒める。とりハムとAを加え、ひと混ぜして火を止める。

煮豚と煮卵

厚切りジューシーな煮豚を、リーズナブルに味わえるのは、手作りならでは。鍋で煮るだけなので、かんたんに作れます。お弁当などに役立つ煮卵も一緒に。

材料（できあがり量：煮豚約400g）

豚肩ロース肉（かたまり） ……………… 300g×2本
A
- ねぎ（緑の部分・包丁の腹でつぶす） ……………… 15cm
- しょうが（薄切り） ……………… 1かけ（10g）
- 酒 ……………… 100mℓ

B
- しょうゆ ……………… 50mℓ
- 砂糖 ……………… 大さじ3
- みりん ……………… 大さじ2
- 煮豚のゆで汁 ……………… 100mℓ

ゆで卵 ……………… 2個

作り方（調理時間60分）

1 厚手の鍋に肉を入れ、かぶるくらいの水を入れる。強火にかけ、ひと煮立ちしたら、肉をとり出して湯を捨てる。

2 肉を鍋に戻し、Aとかぶるくらいの水を入れて中火にかける。沸騰したらアクをとって弱火にする。落としぶたをして鍋のふたをずらしてのせ、約40分ゆでる（肉に竹串を刺し、出てくる汁が透明ならOK）。そのまま鍋の中でさます。ゆで汁はとりおく。

★残ったゆで汁は、スープに使える。▶p.25 中華そば

3 別の鍋にBを合わせ、煮立てる。肉を入れ、時々上下を返しながら、約5分煮る。ゆで卵を加え、ふたをして、そのままさます（時々上下を返す）。

Memo

肩ロース以外の部位でも作れます。ばら肉（写真手前）で作るとこってりと、もも肉（写真奥）で作るとあっさりとした味わいになります。

Point

作り方2で40分煮たあと、ゆで汁の中で肉をさますと、ジューシーに仕上がります。この状態で、ゆで豚としても食べられます。

保存方法

冷蔵で5日
たれごと保存容器に入れる。煮卵は冷蔵で2日。ゆで汁は別にして翌日まで。

冷凍で1か月
ラップで包み、保存袋に入れる。
※煮卵は冷凍不可。

サラダに加えて、ボリュームUP
🌱 煮豚と水菜のサラダ

5 min

コンロいらず

材料（2人分／1人分337 kcal）
- 煮豚 ……………………………… 80g
- 煮卵 ……………………………… 2個
- 水菜 ……………………………… 80g
- たまねぎ ………………………… 30g
- A
  - 煮豚のたれ ……………… 大さじ1/2
  - マヨネーズ ……………… 大さじ1・1/2
  - 酢 ………………………… 小さじ1

作り方
1. 水菜は3～4cm長さに切る。たまねぎは薄切りにする。合わせて水にさらし、水気をきる。
2. 煮豚はひと口大に切る。煮卵は縦に4等分する。
3. Aの材料を合わせる。
4. 器に1と2を盛り、3をかける。

ゆで汁がおいしいスープに
🌱 煮豚の中華そば

10 min

材料（2人分／1人分588 kcal）
- 煮豚 ……………………………… 100g
- 煮卵 ……………………………… 1個
- 中華生めん ………………… 2玉（240g）
- レタス（ひと口大にちぎる）……… 100g
- 煮豚のゆで汁* ………………… 600㎖
- A
  - 中華スープの素 ………… 小さじ1/2
  - 塩 ………………………… 小さじ1/3
  - しょうゆ ………………… 小さじ2

*なければ、水600㎖で代用し、Aの中華スープの素を大さじ1に増やす。

作り方
1. 煮豚は5～6mm厚さに、煮卵は横半分に切る。
2. 鍋にたっぷりの湯を沸かし、中華めんを表示どおりにゆでる。湯をきり、器に入れる。
3. 別の鍋に煮豚のゆで汁とA、煮豚を入れ、中火にかける。ひと煮立ちしたら、火を止める。2にレタスと煮豚を盛り、スープをそそぐ。煮卵をのせて黒こしょう少々（材料外）をふる。

煮豚のたれで味つけ。キャベツ、もやしなどと炒めてもおいしい

煮豚と野菜の甘から炒め

10 min

弁当

材料（2人分／1人分375kcal）

煮豚 ……………………………… 150g
ゆでたけのこ …………………… 150g
ピーマン ………………………… 2個
たまねぎ ………………………… 1/4個（50g）
サラダ油 ………………………… 大さじ1/2
煮豚のたれ ……………………… 大さじ3

作り方

1 たけのこは2cm角に切る。ピーマンはひと口大に切る。たまねぎは長さを半分にして2cm幅に切る。煮豚はひと口大に切る。

2 フライパンに油を温め、中火で野菜を2〜3分炒める。たまねぎが透き通ってきたら、煮豚を加えて1〜2分炒める。煮豚のたれを加え、汁気がほぼなくなったら火を止める。

火が通って味もついている煮豚を使うから、かんたん。

あと1品ほしいときに、さっと作れます
煮豚ときゅうりのからしあえ

5 min

コンロいらず

材料（2人分／1人分113 kcal）
煮豚 …………………………… 50g
きゅうり ……………………… 1/2本
　塩 …………………………… 少々
ねぎ …………………………… 5㎝長さ
A ┃ 煮豚のたれ ………… 大さじ1・1/2
　┃ 練りがらし ………… 小さじ1/4

作り方
1 きゅうりは斜め薄切りにして、細切りにする。塩をふって少しおき、軽く水気をしぼる。
2 ねぎはせん切りにし、水にさらして水気をきる。煮豚は細切りにする。
3 ボールに A を合わせ、1 と 2 を加えてあえる。

ごちそう感があり、お弁当におすすめ
煮豚むすび

5 min

コンロいらず　弁当

材料（2個分／1個217 kcal）
煮豚 …………………………… 40g
温かいごはん ………………… 160g
いりごま（白） ……………… 小さじ1
焼きのり ……………………… 1/2枚

作り方
1 ごはんにごまを混ぜ、2等分する。のりと煮豚も2等分する。
2 ごはんに煮豚をのせ、三角にむすぶ。のりを巻く。

煮豚と煮卵

5 肉そぼろ

ひき肉を、みそ味のそぼろに。味がしっかりついているので、
ごはんにのせて食べるのはもちろん、野菜と組み合わせて、いろいろなアレンジができます。

材料（できあがり量：約400g）

豚ひき肉	300g
ねぎ	1本
しょうが	1かけ（10g）
ごま油	大さじ1
A 砂糖	大さじ1
A みそ	大さじ2
A しょうゆ	大さじ1
A 酒	50㎖

作り方（調理時間20分）

1. ねぎとしょうがはみじん切りにする。Aは酒以外を合わせて混ぜ、酒を少しずつ加えてのばす。
2. 深めのフライパンにごま油を温め、ねぎとしょうがを中火で炒める。しんなりしたら、ひき肉を加え、ほぐしながら中火で炒める。
3. 肉の色が変わってバラバラになったら、Aを加え、汁気がなくなるまで炒める。

Memo
豚ひき肉をとりひき肉に代えても同様に作れます。あっさりした味わいで、お弁当に向きます。

Point
たっぷりのねぎとしょうがは、先に炒めて香りを引き出します。肉のくさみをおさえ、おいしくなります。

保存方法

冷蔵で5日 保存容器に入れる。

冷凍で1か月 ラップで平らに包み、保存袋に入れる。

レタスで巻いてもおいしい
そぼろと野菜の手巻き

10 min

電子レンジ

材料（2人分／1人分84kcal）
肉そぼろ ……………………………… 60g
だいこん ……………………………… 80g
きゅうり ……………………………… 1/2本
焼きのり ……………………………… 2枚

作り方
1 だいこんは皮をむいてせん切りにする。きゅうりは斜め薄切りにして、せん切りにする。のりは4等分する。
2 肉そぼろは電子レンジで約20秒（500W）加熱して温める。
3 のりに野菜と肉そぼろを適量のせ、巻いて食べる。

かぼちゃ、さといもでもOK
じゃがいものそぼろあえ

15 min

弁当

材料（2人分／1人分109kcal）
肉そぼろ ……………………………… 50g
じゃがいも ……………………… 1個（150g）

作り方
1 じゃがいもは皮をむき、2〜3cm角に切る。水にさらして水気をきる。
2 鍋に1を入れ、ひたひたの水を加えて中火にかける。約10分、いもがやわらかくなるまでゆでる。
3 湯を捨て、中火にかけて鍋をゆすりながら水分をとばす。肉そぼろを加え、全体をあえる。

肉そぼろ

カフェ風ひと皿ごはんがすぐにできます
エッグ・オン・そぼろライス

15 min

材料（2人分／1人分549 kcal）

肉そぼろ	150g
卵	2個
パプリカ（赤）	1/2個（75g）
たまねぎ	1/4個（50g）
サラダ油	小さじ1・1/2
塩・こしょう	各少々
温かいごはん	300g
タバスコ（好みで）	少々

作り方

1 パプリカとたまねぎは2cm角に切る。

2 フライパンに油小さじ1/2を温める。卵を割り入れ、半熟の目玉焼きを2つ作ってとり出す。

3 続けてフライパンに油小さじ1をたし、1を中火で炒める。少ししんなりしたら、塩、こしょうをふる。肉そぼろを加え、さっと炒める。

4 器にごはんを盛り、3と目玉焼きをのせる。好みでタバスコをかける。

肉には火が通っているから、さっと炒めれば、できあがり。

フライパンで揚げ焼きにするから、かんたん

そぼろとキャベツの焼き春巻き

15 min

弁当

材料（4本分／1本164 kcal）

肉そぼろ	100g
キャベツ	100g
塩	少々
春巻きの皮	4枚
サラダ油	大さじ2
Ⓐ 小麦粉	小さじ1/2
水	小さじ1/2

作り方

1 キャベツはせん切りにして、塩でもむ。しんなりしたら、水気を軽くしぼる。Ⓐは合わせておく。

2 肉そぼろは電子レンジで約30秒（500W）加熱して温める。キャベツを混ぜ、4等分する。

3 春巻きの皮を広げ、手前に 2 を1/4量のせて巻く。巻き終わりにⒶをつけてとめる。4個作る。

4 フライパンに油大さじ1を中火で温め、3 を入れる。油大さじ1を春巻きの上からかける。焼き色がついたら裏返し、両面を色よく焼く。

厚揚げを使うと、とうふよりも手軽

マーボー厚揚げ

15 min

弁当

肉そぼろ

材料（2人分／1人分307 kcal）

肉そぼろ	100g
厚揚げ	1枚（200g）
チンゲンサイ	1株（120g）
サラダ油	大さじ1/2
塩	小さじ1/6
豆板醤（トウバンジャン）	小さじ1/4
Ⓐ かたくり粉	小さじ1
水	小さじ1

作り方

1 厚揚げは縦半分にして、2cm幅に切る。チンゲンサイは、葉と軸に分ける。葉はざく切りに、軸は縦6〜8つ割りにする。Ⓐは合わせておく。

2 フライパンに油を温め、厚揚げの表面を焼き色がつくまで焼く。チンゲンサイの軸の部分を加え、1〜2分炒める。葉を加え、しんなりしてきたら、塩を加えて全体を混ぜる。

3 肉そぼろ、豆板醤、水100mℓ（材料外）を加える。煮立ったら、Ⓐの水溶きかたくり粉を加え、混ぜながらとろみをつける。

ミートボール

タネ 6

卵の代わりに、じゃがいもを「つなぎ」に使います。ふっくらやわらかく、ヘルシーな味わいのミートボールは、和洋中にアレンジOK。ひき肉がお買い得な日に、まとめて作っておきましょう。

材料（できあがり量：24個）

とりひき肉	300g
じゃがいも	小1個（100g）
ねぎ	50g
しょうが	1かけ（10g）
Ⓐ 塩	小さじ1/3
しょうゆ	小さじ1/2
酒	大さじ1
湯	800㎖
Ⓑ 酒	大さじ2
塩	小さじ1/2

作り方（調理時間30分）

1. ねぎはみじん切りにする。しょうがは皮をこそげてすりおろす。じゃがいもは皮をむき、すりおろす。
2. ボールにひき肉と1、Ⓐを入れ、手でねばりが出るまでよく混ぜる。24等分する。
3. 鍋に分量の湯を沸かし、Ⓑを加える。2をスプーンで丸めながら入れる。ミートボールが浮き上がってから、さらに約2分ゆでて火を通す。火を止めて、鍋の中でそのままさます。

＊残ったゆで汁は、スープに使える。▶p.33わかめスープ

Memo
豚ひき肉でも同様に作れます。とりひき肉よりも、コクのある味わいになります。

Point
ミートボールを形作るときは、大さじとティースプーンを使うと、やりやすい。形が多少不ぞろいでも、大丈夫。ゆでると気になりません。

保存方法

冷蔵で3日
保存容器に入れる。ゆで汁は別にして翌日まで。

冷凍で1か月
ラップで包み、保存袋に入れる。

さめてもやわらかいので、お弁当にも
🌱 照り焼きミートボール＆ケチャップミートボール

5 min

| まな板いらず | 電子レンジ | 弁当 |

〈照り焼き味〉 材料（3個分103 kcal）

ミートボール……………………3個
A
- 砂糖……………………小さじ1
- かたくり粉……………小さじ1/4
- しょうゆ………………小さじ1
- みりん…………………小さじ1

作り方
1. 耐熱容器に A を合わせてよく混ぜる。ミートボールを加え、電子レンジで約40秒（500W）加熱して、からめる。

〈ケチャップ味〉 材料（3個分100 kcal）

ミートボール……………………3個
B
- トマトケチャップ………大さじ1
- ウスターソース…………大さじ1/2

作り方
1. 耐熱容器に B を合わせてよく混ぜる。ミートボールを加え、電子レンジで約30秒（500W）加熱して、からめる。

おいしいゆで汁を使って
🌱 ミートボールのわかめスープ

5 min

ミートボール

材料（2人分／1人分82 kcal）

ミートボール……………………6個
わかめ（塩蔵）…………………5g
えのきだけ……………1/2パック（50g）
A
- ミートボールのゆで汁*………500ml
- 酒………………………大さじ1
- 塩………………………小さじ1/6
- こしょう………………少々

＊なければ、水500mlとスープの素小さじ1で代用。

作り方
1. わかめはさっと洗い、水に約5分つけてもどす。3〜4cm長さに切る。
2. えのきだけは根元を切り落とし、長さを半分にしてほぐす。
3. 鍋に A を入れて火にかける。沸騰したら、1、2とミートボールを加える。ひと煮立ちしたら、火を止める。

33

野菜と一緒にさっと炒めるだけ
ミートボールと野菜の甘酢あん

10 min

弁当

材料（2人分／1人分259 kcal）

- ミートボール……………10個
- ゆでたけのこ……………100g
- たまねぎ……………1/2個（100g）
- ピーマン……………………3個
- サラダ油……………………大さじ1/2

A
- 砂糖……………………大さじ2
- かたくり粉……………大さじ1
- しょうゆ……………大さじ1・1/2
- 酢……………………大さじ1・1/2
- 水……………………100ml
- スープの素……………少々

作り方

1. たけのこ、たまねぎ、ピーマンはひと口大に切る。
2. Aは混ぜ合わせておく。
3. 深めのフライパンに油を温め、野菜を中火で2〜3分炒める。ミートボールを加えてさっと炒める。Aを加え、混ぜながら加熱する。とろみがついたら火を止める。

ミートボールは加熱済みだから、温まればOK。あっという間に完成します。

外側カリッ、中はふっくら
揚げミートボール

15 min

弁当

材料（2人分／1人分225kcal）

ミートボール ……………………… 6個
　かたくり粉 ………………… 大さじ1
さつまいも ………………………… 100g
れんこん …………………………… 100g
塩 …………………………………… 少々
揚げ油 ……………………………… 適量

作り方

1. さつまいも、れんこんは5㎜厚さの半月切りか輪切りにする。水にさらし、ペーパータオルで水気をよくふく。
2. ミートボールにかたくり粉を薄くまぶす。
3. 深めのフライパンに揚げ油を2㎝深さまで入れ、170℃に温める。野菜とミートボールを入れ、4～5分揚げる。よい揚げ色がついたら、油をきって器に盛り、塩をふる。

コクのある味わいで、温まります
ミートボールの クリーム煮

15 min

ミートボール

材料（2人分／1人分415kcal）

ミートボール ……… 10個
カリフラワー
　……………… 150g(正味)
マッシュルーム
　………… 1パック(100g)
たまねぎ …… 1/4個(50g)
バター ……………… 10g

水 …………… 300㎖
A｜スープの素 …… 小さじ1/2
　｜塩 ……… 小さじ1/4
　｜こしょう …… 少々
生クリーム ……… 100㎖

作り方

1. カリフラワーはひと口大に切る。マッシュルームは石づきを除き、半分に切る。たまねぎは1㎝幅のくし形切りにする。
2. 深めのフライパンにバターを溶かし、中火で1をさっと炒める。Aを加え、野菜がやわらかくなるまで約5分煮る。
3. ミートボールと生クリームを加え、とろみがつくまで3～4分煮る。塩・こしょう各少々（材料外）で味をととのえる。

タネ7 ミートローフ

ひき肉を大きくまとめてオーブンで焼くミートローフは、ハンバーグよりも、実はかんたん。ラップで形作るので、特別な型がなくても大丈夫。アレンジに使いやすいよう、シンプルな味つけで、やわらかい食感にしています。

材料（できあがり量：約700g）

合いびき肉	600g
たまねぎ	1個(200g)
サラダ油	大さじ1/2
A パン粉	カップ1/2(20g)
A 卵	1個
A 牛乳	100ml
A 塩	小さじ1
A こしょう・ナツメグ	各少々

作り方（調理時間60分）

1. たまねぎはみじん切りにする。フライパンに油を温め、中火でたまねぎを薄く色づくまで炒める。さます。

2. ボールにひき肉とたまねぎ、Aを入れ、手でねばりが出るまでよく混ぜる。

3. ラップを横長に広げる（30×45cm）。数回に分け、2を空気を抜いてのせていく。ラップで包み、22～23cmの棒状に形を整える。オーブンを180℃（ガスオーブン170℃）に予熱する。

4. オーブン皿にアルミホイルを敷き、四辺を2cmくらい立てるように折る（片付けがラクに）。3をラップを除いてのせ、肉の形を整える（ぬらしたゴムべらなどで）。180℃のオーブンで約40分焼く。肉に竹串を刺し、透明な肉汁が出てくれば焼きあがり。

Memo
合いびき肉をとりひき肉に代えても同様に作れます。あっさりした仕上がりになります。

Point
ラップを使うと成形がラク。手に水少々をつけて肉適量を丸め、左右の手に2～3回打ちつけて空気を抜いてのせます。ラップで包んで両端をねじります。

保存方法

冷蔵で3～4日
保存容器に入れる。

冷凍で1か月
小分けしてラップで包み、保存袋に入れる。

まずはそのまま。おもてなしにも向きます

ミートローフと温野菜のピンチョス

10 min

電子レンジ／弁当

材料（2人分／1人分355 kcal）

ミートローフ（2cm厚さ）
　………2切れ（約200g）
ブロッコリー ………150g
カリフラワー ………150g
にんじん……………100g

〈タルタルソース〉
ピクルス
（みじん切り）
　……………………20g
マヨネーズ ……20g
酢 …………小さじ1
塩・こしょう
　……………各少々

作り方

1. ブロッコリーとカリフラワーは小房に分ける。にんじんは7〜8mm厚さの輪切りにする（好みの型で抜いても）。野菜を耐熱皿に入れ、ラップをして電子レンジで約3分（500W）加熱する。
2. ミートローフは3cm角に切る。耐熱皿に入れ、ラップをして電子レンジで約1分（500W）加熱して温める。
3. 器に1と2を盛り合わせる。ソースの材料を合わせて添える。

がっつり食べたいときに

ロコモコ丼

10 min

材料（2人分／1人分656 kcal）

ミートローフ（1cm厚さ）
　………4切れ（約200g）
A｜ドミグラスソース
　　…大さじ2（約30g）
　｜トマトケチャップ
　　………大さじ1/2
　｜ウスターソース
　　………大さじ1/2
　｜赤ワイン ……大さじ2

卵 ……………………2個
サラダ油 …………少々
ミニトマト ………4個
レタス ……1枚（50g）
マヨネーズ
　…………大さじ1
温かいごはん ‥300g

作り方

1. レタスはせん切りにする。ミニトマトは半分に切る。
2. フライパンに油を温める。卵を割り入れ、半熟の目玉焼きを2つ作ってとり出す。
3. 同じフライパンにAを合わせて、ミートローフを入れる。中火にかけ、ひと煮立ちさせる。
4. 器にごはんを盛り、3をのせる。野菜を添えて目玉焼きをのせ、マヨネーズをかける。

フレッシュなトマトソースとチーズが絶妙なおいしさ
ピザ風ミートローフ

10 min

材料（2人分／1人分308 kcal）

ミートローフ（1.5cm厚さ） ……………2切れ（約150g）
トマト ……………1個（150g）
ピーマン ……………1個
黒オリーブ（種抜き） ……2個
スライスチーズ（溶けるタイプ） ……………2枚
バター ……………10g

作り方

1 ピーマン、オリーブは3mm幅の輪切りにする。トマトは1cm角に切る。

2 フライパンにバターを溶かし、トマトを中火で炒める。汁気が少なくなったら、ミートローフを入れ、ピーマンとオリーブ、チーズをのせる。ふたをして弱火で3～4分、チーズが溶けるまで加熱する。

チーズが溶けるころには、ミートローフも温まって食べごろに。

おろしとぽん酢でさっぱりと
和風おろしミートローフ

7 min

材料（2人分／1人分278 kcal）
ミートローフ（2cm厚さ）
　……………………2切れ（約200g）
だいこん ……………………………100g
しその葉 ………………………………6枚
サラダ油 …………………………小さじ1
ぽん酢しょうゆ …………………大さじ2

作り方
1 だいこんはすりおろし、ざるにとって自然に水気をきる。しその葉は2枚をせん切りにし、水にさらして水気をきる。
2 フライパンに油を温め、中火でミートローフの両面をカリッとするまで焼く。
3 器にしそを2枚ずつ敷き、ミートローフを盛る。だいこんおろしと、せん切りにしたしそをのせる。ぽん酢をかける。

クリーミーなアボカドがよく合う
アボカドバーガー

5 min

電子レンジ　弁当

材料（1人分／1人分429 kcal）
ミートローフ（1cm厚さ）
　………………………………1枚（約50g）
アボカド …………………………1/4個
リーフレタス ………………………1枚
たまねぎ ……………………………10g
A｜トマトケチャップ ………大さじ1
　｜ウスターソース ………大さじ1/2
ハンバーガー用バンズ ……………1個

作り方
1 アボカドは5mm幅に切る。たまねぎは薄切りにする。Aは合わせておく。
2 ミートローフは耐熱皿に入れ、ラップをして電子レンジで約40秒（500W）加熱して温める。
3 パンは横半分に切る。レタス、アボカド、ミートローフ、たまねぎを順にのせ、Aをかけてはさむ。

タネ8 紅茶豚

煮る時間が短くすむ、とんカツ用豚肉で作ります。香味野菜などは使わず、紅茶で煮るだけ。うす味のたれに漬けておくと、日もちがしてアレンジにも使いやすくなります。

材料（できあがり量：約320g）

- とんカツ用豚肉 ………… 4枚（400g）
- 紅茶のティーバッグ ………… 2個
- A
  - しょうゆ ………… 大さじ2
  - みりん ………… 大さじ2
  - 酒 ………… 大さじ2
  - 酢 ………… 大さじ2

作り方（調理時間15分 ※漬ける時間は除く）

1. 鍋に豚肉とかぶるくらいの水、ティーバッグ（端の紙をはずす・ホチキスの針に注意）を入れて火にかける。
2. 沸騰したらアクをとり、弱火にする。ふたをずらしてのせ、約10分煮る。
3. 小鍋にAを合わせてひと煮立ちさせ、保存容器に移す。2の水気をきり、漬ける（時々、肉の上下を返す）。

＊1時間後から食べられる。

Memo

ロース（写真右）は外側に脂肪があり、肉のきめが細かくてやわらかい。肩ロース（写真左）は赤身に脂肪が混ざってコクがあるが、きめは粗め。どちらの部位でも、おいしく作れます。

Point

紅茶を使うと、香味野菜などを使わなくても、肉のくさみがとれます。アクとりは、泡の大きなかたまりを3～4回とるくらいでOK。

保存方法

冷蔵で3～4日
保存容器に入れる。

冷凍で1か月
1枚ずつラップで包み、保存袋に入れる。

おむすびにするのも、おすすめ

紅茶豚と三つ葉の混ぜごはん

⏱ 3 min

コンロいらず　弁当

材料（2人分／1人分327 kcal）

紅茶豚 …………………… 1/2枚（約40g）
三つ葉 …………………… 30g
塩こんぶ ………………… 大さじ1（3g）
いりごま（白） …………… 大さじ1/2
温かいごはん …………… 300g

作り方

1. 三つ葉は2cm長さに切る。紅茶豚は1cm角に切る。
2. ごはんに1と塩こんぶ、ごまを加え、さっくりと混ぜる。

長いものサクサク食感がおいしい

紅茶豚と長いものオイスター炒め

⏱ 10 min

弁当

材料（2人分／1人分288 kcal）

紅茶豚 …………………… 1・1/2枚（120g）
長いも …………………… 200g
サラダ油 ………………… 大さじ1/2
Ⓐ オイスターソース ……… 大さじ1
　 しょうゆ ………………… 小さじ1
　 塩・こしょう …………… 各少々

作り方

1. 長いもは皮をむいて4cm長さ、1cm角の拍子木切りにする。紅茶豚は1cm幅に切る。Ⓐは合わせておく。
2. フライパンに油を温め、中火で長いもを炒める。焼き色がついたら、紅茶豚を加えてさっと炒める。
3. Ⓐを加え、汁気がなくなるまで炒める。

紅茶豚

41

9 カレー豚

子どもから大人まで、みんなが大好きなカレー味。作っているそばから、食欲そそる香りがたまりません。味がしっかりついているので、そのままおかずとして食べるのはもちろん、野菜と組み合わせても使いやすい。

材料（できあがり量：約550g）

- 豚こま切れ肉 ………………… 500g
- A
  - カレー粉 ……………… 大さじ3
  - 塩 …………………… 小さじ1/4
  - こしょう ………………… 少々
- サラダ油 …………………… 大さじ1
- B
  - トマトケチャップ ………… 大さじ4
  - 中濃ソース ……………… 大さじ2
  - 水 …………………… 100mℓ

作り方（調理時間15分）

1. Aは合わせておく。豚肉にAをまぶしつける。
2. フライパンに油を温め、肉を中火で炒める。肉の色が変わり、火が通ったら、とり出す。
3. 同じフライパンにBを入れ、中火で2〜3分、とろみがつくまで煮つめる。肉を戻し入れ、全体にからめて火を止める。

Memo
ももやロースなどの薄切り肉でも同様に作れます。安売りしているお得なものでOK。

Point
炒める前に、肉にカレー粉などをまぶしておきます。味がしっかりついておいしく作れます。

保存方法

冷蔵で5日
保存容器に入れる（においや色がつきやすいのでプラスチック容器はさける）。

冷凍で1か月
ラップで包み、保存袋に入れる。

キャベツの甘味がよく合う
🌱カレー豚のキャベツ巻き

10 min

弁当

材料（4本分／1本72 kcal）

カレー豚 …………………………80g
キャベツ …………………4枚（200g）
A プレーンヨーグルト ……大さじ1
  トマトケチャップ ………小さじ1

作り方

1 キャベツは軸を除き、半分に切る。鍋に湯1ℓ（材料外）を沸かして塩小さじ1（材料外）を入れ、キャベツを1～2分ゆでる。ざるにとり、さます。
2 カレー豚は4等分する。キャベツを2枚重ね、カレー豚をのせて巻く。同様にして計4本作る。
3 2を食べやすく切って器に盛る。Aを混ぜてソースを作り、かける。

しっかり味のタネだから、味つけかんたん
🌱カレー豚のチャーハン

7 min

弁当

材料（2人分／1人分481 kcal）

カレー豚 ………………………120g
ピーマン …………………………1個
温かいごはん …………………300g
サラダ油 ……………………大さじ1/2
ウスターソース ……………小さじ1
こしょう …………………………少々
福神漬け ………………………適量

作り方

1 ピーマン、カレー豚は粗みじんに切る。
2 フライパンに油を温め、1を中火で炒める。香りが出てきたら、ごはんを加え、パラリとするまで炒める。
3 ウスターソースを回し入れ、ひと混ぜして火を止める。器に盛ってこしょうをふり、福神漬けを添える。

カレー豚

43

10 手羽先の香味ゆで
タネ

コクのある味わいで食べごたえのある手羽先を、まとめてゆでておきます。
うま味たっぷりのスープがとれ、お肉はほろほろにやわらかく煮えます。

材料（できあがり量：16本）

手羽先	16本
ねぎ（緑の部分）	1本分
しょうが	大1かけ（20g）
にんにく	2片（20g）
Ⓐ 塩	小さじ1
Ⓐ 酒	100mℓ
Ⓑ こしょう	少々
Ⓑ サラダ油	大さじ1

作り方（調理時間45分 ※さます時間は除く）

1. 手羽先は水でよく洗い、ペーパータオルで水気をふく。
2. ねぎは包丁の腹でつぶす。しょうがは皮ごと薄切りにする。にんにくは包丁の腹でつぶして半分に切る。
3. 厚手の鍋に 1 と 2、かぶるくらいの水、Ⓐを入れて強火にかける。沸騰したらアクをとり、ふたをずらしてのせ、弱火で約30分ゆでる。そのまま鍋の中でさます。
4. 手羽先をとり出し、汁気をきってポリ袋に入れ、Ⓑをまぶす。

＊ゆで汁はペーパータオルでこして保存する。スープに使える。
▶ p.45 水炊き風鍋

Memo
手羽先の先端を切り落とした「手羽中」もよく売られています。同様に作れますが、手羽先のほうがうま味が濃いスープがとれます。

Point
ゆでた手羽先に油をまぶしてから保存します。肉のしっとり感を保つことができ、日もちもUPします。

保存方法

冷蔵で3日
保存容器に入れる。ゆで汁は別にして翌日まで。

冷凍で1か月
ラップで包み、保存袋に入れる。

うま味たっぷりのゆで汁を使って
手羽先の水炊き風鍋

10 min

材料（2人分／1人分249 kcal）
手羽先の香味ゆで ……………………8本
手羽先のゆで汁* ＋水 ……………計1ℓ
はくさい ………………………………400g
ねぎ ……………………………………1/2本
えのきだけ ………………1パック（100g）
青ゆず（輪切り） ……………………1個
ゆずこしょう・ぽん酢しょうゆ ……各適量
*なければ、水1ℓと中華スープの素大さじ1で代用。

作り方
1 はくさいは葉と軸に分ける。葉はざく切りに、軸はそぎ切りにする。ねぎは斜め薄切りに、えのきは根元を落とし、長さを半分にしてほぐす。
2 鍋に、手羽先のゆで汁と水を合わせて1ℓ入れる。はくさいの軸を加え、強火にかける。煮立ったら中火にして、手羽先とねぎ、えのきだけ、はくさいの葉を加える。
3 野菜に火が通ったら、ゆずを加える。ゆずこしょうやぽん酢をつけて食べる。

ごま油で焼いて香ばしく
手羽先のロースト

7 min

弁当

材料（2人分／1人分121 kcal）
手羽先の香味ゆで ……………………4本
しいたけ ………………………………4個
ししとうがらし ………………………4本
ごま油 …………………………………小さじ1
塩・七味とうがらし …………………各少々

作り方
1 しいたけは石づきを除き、かさに飾り切りをする。ししとうは縦に1本切り目を入れる。
2 フライパンにごま油を温め、中火で手羽先を両面こんがりと焼く。フライパンのあいたところで、1も一緒に焼く。
3 器に盛り、塩と七味をふる。

おかずのタネ
冷蔵保存のコツ

1 あら熱をとる
保存容器に移す前に、少しさましてあら熱をとります。熱々で移すと、蒸気がこもって水滴ができやすく、いたみの原因になるからです。

2 保存容器に移す
完全にさめるまで、ふたはしません。早くさましたいときや夏場は、容器をぬれぶきんや保冷剤の上にのせるとよいでしょう。

3 完全にさめたら、冷蔵庫へ入れる
マスキングテープなどを使って、作った日づけと料理名を書いておくとよいでしょう。使い忘れを防げます。

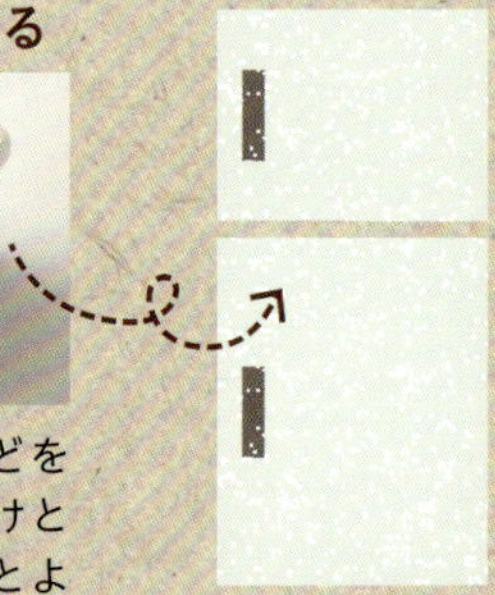

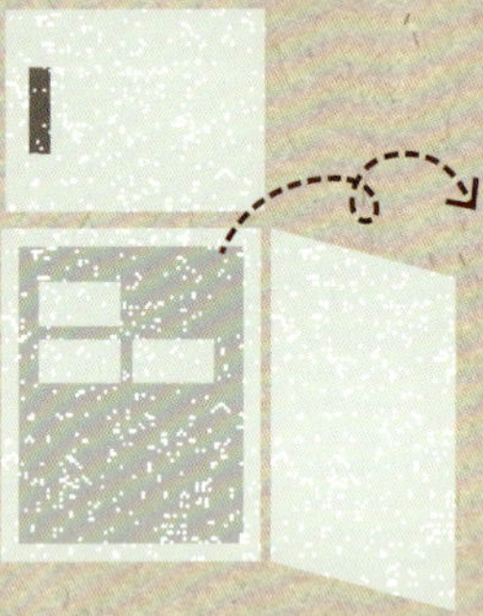

● そのまま食べるとき
肉や魚など、油脂やたんぱく質が固まるものは、温め直したほうがおいしく食べられます。電子レンジを使うと手軽です。 

● アレンジに使うとき
アレンジ料理でタネを使うときは、基本的にタネを温め直す必要はありません（温め直しが必要なものは、作り方で記載しています）。

保存容器の選び方

電子レンジ対応のプラスチック容器
- ○ 電子レンジで温め直すことができる
- △ 食品のにおいや色が移りやすい
- ○ 割れにくい
- ○ 冷蔵庫内で中身が見えて、とり出しやすい

耐熱性のガラス容器
- ○ 電子レンジで温め直すことができる
- ○ 食品のにおいや色が移りにくい
- △ 割れやすい
- ○ 冷蔵庫内で中身が見えて、とり出しやすい

直火対応のホーロー容器
- × 電子レンジで使えない
- ○ ガスの直火にかけて温め直すことができる
- ○ 食品のにおいや色が移りにくい
- △ 冷蔵庫内で中身が見えない

魚介 おかずのタネ

ヘルシーで、良質のたんぱく質がとれる魚介。
調理が大変なイメージがありますが、
時間があるときに、少しだけがんばってタネに。
毎日の食卓が豊かになります。

11 えびの甘酢漬け

下ごしらえに少し手がかかるえびは、まとめて調理して甘酢漬けに。
サラダなど、彩りやボリュームがちょっと欲しいとき、すぐに使えて便利です。
甘酢も味つけに使えます。

材料（できあがり量：約250g）

えび（無頭・殻つき・中サイズ）
　　　　　　　　　……25尾（約250g）
A
- 水……………………………100mℓ
- 酒……………………………大さじ1
- 塩…………………………小さじ1/4

B
- 砂糖…………………………大さじ2
- 酢……………………………大さじ4
- 塩…………………………小さじ1/4

作り方（調理時間25分 ※漬ける時間は除く）

1. えびの背に竹串を刺し、背わたがあればとる。ボールにえびを入れて水で洗い、ペーパータオルで水気をよくふく。
2. 鍋にAを合わせ、ひと煮立ちさせる。えびを加えてふたをし、弱めの中火で1分ほど蒸し煮にする。火を止め、ふたをしてそのまま少しおき、あら熱をとる。
3. 保存容器にBを合わせて甘酢を作る。えびの殻をむいて入れ、30分以上漬ける。

Memo
えびの種類や大きさは好みのもので。ホワイトタイガー（写真右）よりもブラックタイガー（写真左）のほうが、赤みが強くできあがります。

Point
えびの背わたは、殻の2～3節に竹串を刺し、そっと上に引き抜いてとります。背わたがないものもあります。

保存方法

冷蔵で3～4日
保存容器に入れる。

冷凍で1か月
ラップで包み、保存袋に入れる。

甘酢漬けの汁を使うので、味つけかんたん

🌱 えびとキャベツの ごま酢あえ

10 min

弁当

材料（2人分／1人分69 kcal）

えびの甘酢漬け ……………………3尾
キャベツ ……………………………120g
わかめ（塩蔵） ……………………20g
A ┃ えびの甘酢漬けの汁 ……大さじ1
　┃ すりごま（白） ……………大さじ2

作り方

1 わかめはさっと洗い、水に約5分つけてもどす。
2 鍋にたっぷりの湯を沸かし、キャベツを約1分ゆでて水気をしぼる。続けてわかめをさっとゆでて水にとり、水気をしぼる。どちらも食べやすく切る。
3 えびは長さを半分に切り、それぞれ厚みも半分に切る。
4 ボールにAを合わせ、2と3を加えてあえる。

丸みのあるえびは、手まりずしにぴったり

🌱 えびの手まりずし

10 min

コンロいらず　弁当

材料（6個分／1個62 kcal）

えびの甘酢漬け ……………………6尾
温かいごはん ………………………180g
A ┃ 砂糖 ………………………大さじ1/2
　┃ 塩 …………………………小さじ1/8
　┃ 酢 …………………………小さじ2
ケッパー ……………………………6粒

作り方

1 Aを合わせてすし酢を作る。温かいごはんに混ぜ、すしめしを作る。6等分する。
2 えびは厚みを半分に切る。
3 ラップの上にえび2切れとすしめしをのせ、丸くにぎる。真ん中にケッパーをのせる。合計6個作る。

えびの甘酢漬け

えびに甘酢の味がしみていて、おいしい。彩りと味の2役をこなします

🌱 えびと野菜の生春巻き

⏱ 15 min

> コンロ
> いらず

材料（4本分／1本70kcal）

えびの甘酢漬け …………8尾	サラダ菜 ………………4枚
ライスペーパー …………4枚	にら ……………………20g
水菜 ……………………80g	スイートチリソース ……適量

作り方

1. 水菜は12〜13cm長さに切る。にらは長さを半分に切る。えびは厚みを半分に切る。それぞれ4等分する。
2. まな板の上に、ぬらしてしぼったふきんを広げる。大きめのボールなどに水を用意し、ライスペーパー1枚をくぐらせ、ぬれぶきんにのせて1〜2分おく。
3. サラダ菜1枚と水菜をのせてひと巻きし、片側を折りこむ。にらをのせてひと巻きする。続いてえびを4切れ並べ、最後まで巻く。合計4本作る。
4. 器に盛り、スイートチリソースを添える。

野菜をのせて巻いたあとに、えびをのせて巻きます。えびがよく見えて、彩りがきれい。

朝ごはんやランチにぴったり
えびたまベーグルサンド

5 min

弁当

材料（1人分／1人分386 kcal）

えびの甘酢漬け ……………………3尾
ゆで卵* ……………………………1個
　マヨネーズ ……………………大さじ1
レタス ……………………………1枚
ベーグル …………………………1個
　バター ……………………………5g

*作り方は、p.61ツナのニース風サラダを参照。

作り方

1 ゆで卵は殻をむき、フォークなどでつぶしてマヨネーズであえる。
2 ベーグルは横半分に切り、バターを塗る。レタス、卵、えびを順にのせてはさむ。

酸味のあるスープと甘酢漬けのえびがよく合う
エスニック風えびめん

10 min

えびの甘酢漬け

材料（2人分／1人分343 kcal）

えびの甘酢漬け ……………………10尾
フォー* ……………………………150g
香菜（シャンツァイ）………………10g
レモン ……………………………1/2個
A ┬ 水 …………………………600㎖
　├ スープの素 ……………小さじ1
　├ ナンプラー ………大さじ1・1/2
　└ にんにく ……………1片（10g）
黒こしょう ………………………少々

*なければ、そうめんでも。

作り方

1 香菜の葉は摘みとり、茎は4〜5㎝長さに切る。レモンは飾り用に輪切りを1枚とり、残りは汁をしぼる。にんにくは包丁の腹でつぶす。
2 鍋にたっぷりの湯を沸かし、めんを表示どおりにゆでる。水気をきり、器に盛る。
3 別の鍋にAを入れて火にかける。煮立ったら、香菜の茎とレモン汁を加えて火を止める。器にそそぎ、えびと香菜の葉、レモン（半分に切る）をのせ、黒こしょうをふる。

51

タネ 12 さけのレンジ蒸し

しょうがをのせて酒をふって、レンジでチンするだけ。さけのくさみも気にならず、焼きざけよりもしっとり。さけが1切れだけ余ったときにも、おすすめです。

材料（できあがり量：4切れ）

甘塩さけ*	4切れ(320g)
しょうが	1かけ(10g)
酒	大さじ2

*生さけ4切れでも作れる。その場合は、事前に塩小さじ1/2をふって約10分おき、ペーパータオルで水気をふきとる。作り方2でしょうがをのせ、酒と塩小さじ1/4をふって加熱する。

作り方（調理時間10分 ※あら熱をとる時間は除く）

1. しょうがは皮ごと薄切りにする。
2. 大きめの耐熱皿に重ならないようにさけを並べる。しょうがをのせ、酒を全体にふる。ラップをかけ、電子レンジで約6分(500W)加熱する。
3. レンジからとり出し、ラップをかけたまま、あら熱がとれるまでむらす。

* さけ1切れのときは、しょうがの薄切り1切れと酒大さじ1/2にして、加熱時間は約2分(500W)にする。

Memo
甘塩さけとは、生さけにうす塩味をつけたもの。塩をふって生ぐさみをとる下ごしらえの手間が省けます。生さけより少し身がしまっています。

Point
レンジからとり出したら、ラップをかけたまま少しおきます。余熱でさけがしっとりと仕上がります。

保存方法

冷蔵で3日
保存容器に入れる。1切れずつラップで包むと、身がくずれにくい。

冷凍で1か月
1切れずつラップで包み、保存袋に入れる。

彩りがきれいな、ボリュームある副菜
さけと三つ葉のおろしあえ

⏱ 10 min

電子レンジ

材料（2人分／1人分102 kcal）

さけのレンジ蒸し	1切れ
三つ葉	30g
だいこん	200g
A 砂糖	大さじ1/2
酢	大さじ1・1/2
塩	小さじ1/6

作り方

1. さけは、電子レンジで約30秒（500W）加熱して温める。身を大きめにほぐし、皮と骨を除く。
2. だいこんはすりおろし、ざるにとって自然に水気をきる。
3. 三つ葉は根元を落とし、熱湯でさっとゆでて水にとる。水気をしぼり、3㎝長さに切る。
4. ボールにAを合わせ、だいこんおろしを混ぜる。1と3を加え、さっとあえる。

宮城の郷土料理をかんたんに
さけのはらこ飯（めし）風

⏱ 5 min

電子レンジ

材料（2人分／1人分506 kcal）

さけのレンジ蒸し	2切れ
イクラ	30g
A 酒	小さじ1
しょうゆ	小さじ1
みりん	小さじ1/2
温かいごはん	350g
焼きのり	1/2枚
しその葉	3枚

作り方

1. 耐熱皿にAを合わせ、さけを加える。ラップをかけ、電子レンジで約1分30秒（500W）加熱する。あら熱をとり、3〜4つにほぐす。
2. しそはせん切りにし、水にさらして水気をきる。
3. 器にごはんを盛り、のりをちぎってのせる。1を汁ごとのせ、イクラとしそを飾る。

さけのレンジ蒸し

さけは温め直すだけ。丸ごと1本使うねぎの香りで、箸が進みます

さけのねぎソースがけ

7 min

弁当

材料（2人分／1人分211 kcal）

さけのレンジ蒸し ……………… 2切れ
ねぎ ……………………………… 1本
しょうが ………………………… 1かけ（10g）
サラダ油 ………………………… 大さじ1/2
A しょうゆ ……………………… 大さじ1/2
　 酒 ……………………………… 大さじ1/2

作り方

1 さけは、電子レンジで約2分（500W）加熱して温める。器に盛る。
2 ねぎは斜め薄切り、しょうがは皮をこそげてせん切りにする。
3 フライパンに油を温め、2を中火でさっと炒める。Aを加えて火を止める。さけにのせる。

さけは電子レンジで軽く温め直せばOK。ねぎをさっと炒めるだけなので、あっという間に主菜ができます。

朝ごはんや弁当に便利です
さけそぼろ

5 min

まな板いらず｜弁当

材料（作りやすい量／全量172 kcal）
さけのレンジ蒸し ……………………1切れ
いりごま（白）……………………小さじ2
しょうゆ ………………………………少々

作り方
1 さけは粗くほぐし、皮と骨を除く。小鍋に入れて弱めの中火にかけ、菜箸でほぐしながら、パラパラになるまでいる。
2 ごまとしょうゆを加えて混ぜ、火を止める。

＊冷蔵で5日ほどもつ。
＊電子レンジでも作れる。細かくほぐし、ごまとしょうゆを混ぜ、ラップなしで約1分（500W）加熱する。鍋で作るよりもしっとりめに仕上がる。

さっと炒め合わせれば、できあがり
さけときのこの スパゲティ

20 min

材料（2人分／1人分521 kcal）
さけのレンジ蒸し …2切れ
しいたけ ……………………4個
しめじ …1/2パック（50g）
にんにく（みじん切り）
　………………小1片（5g）
赤とうがらし
（小口切り）
　………………1/2本
サラダ油 …大さじ1
白ワイン …大さじ1
スパゲティ …160g

作り方
1 鍋に湯2ℓを沸かして塩大さじ1（ともに材料外）を入れ、スパゲティを表示どおりにゆでる。ゆで汁大さじ2はとりおく。
2 しいたけは軸を除き、薄切りにする。しめじは根元を切り落とし、小房に分ける。さけは皮を除き、ひと口大にほぐして骨をざっと除く。
3 フライパンに油とにんにく、赤とうがらしを入れ、弱火で香りが出るまで炒める。しいたけとしめじを加えて炒める。油がまわったら、さけと白ワインを加える。
4 3にスパゲティとゆで汁大さじ2を加えて全体をざっと混ぜる。塩・こしょう各少々（材料外）で味をととのえる。

さけのレンジ蒸し

55

13 さけの焼きびたし

タネ

さけをフライパンで焼いたあと、漬け汁にひたしておきます。
しっかり味でごはんが進み、さめてもおいしいので、お弁当にもおすすめです。

材料（できあがり量：約320g）

生さけ*	4切れ（320g）
A 塩	小さじ1/4
A こしょう	少々
B しょうゆ	大さじ2
B 酒	大さじ2
B みりん	大さじ2
B 酢	大さじ2

*甘塩さけでも作れる。その場合は、Aの塩を省く。

作り方（調理時間20分 ※漬ける時間は除く）

1. さけは1切れを3〜4つに切る。骨があれば、除く。Aをふって5分おき、ペーパータオルで水気をふく。
2. 小鍋にBを合わせ、ひと煮立ちさせる。保存容器に移す。
3. フライパンにさけを並べ（油はなし）、中火で焼く。焼き色がついたら裏返し、弱火で4〜5分焼いて火を通す。熱いうちに2に30分以上漬ける。

Memo
切り身の「サーモン」でも同様に作れます。養殖のにじますの切り身で、脂がのっています。

Point
皮側から焼きます。フライパンのカーブにさけの皮を当てると、皮にも焼き色がつき、香ばしくなります。

保存方法

冷蔵で3日
保存容器に入れる。

冷凍で1か月
ラップで包み、保存袋に入れる。

電子レンジで作れるので手軽
さけとねぎの南蛮漬け風

5 min

電子レンジ｜弁当

材料（2人分／1人分138 kcal）
さけの焼きびたし …………… 160g
ねぎ ……………………………… 1/3本
しいたけ ………………………… 2個
A｜さけの焼きびたしの汁 … 大さじ2
　｜酢 ………………………… 大さじ1
　｜赤とうがらし（小口切り）… 1/2本
　｜ごま油 …………………… 小さじ1/2

作り方
1 ねぎは長さを4等分し、縦半分に切る。しいたけは軸を除き、ひと口大に切る。
2 深めの耐熱容器にAを合わせ、1とさけを加える。ラップをかけ、電子レンジで約2分（500W）加熱する。すぐに食べても、冷やして食べてもおいしい。

のりを巻いて、ひと味変えます
さけの磯辺焼き

10 min

弁当

材料（2人分／1人分149 kcal）
さけの焼きびたし …………… 160g
焼きのり ………………………… 1枚
サラダ油 ………………………… 小さじ1
だいこん ………………………… 100g
しその葉 ………………………… 2枚
しょうゆ ………………………… 少々

作り方
1 のりはさけの個数に合わせて等分に切る。さけの汁気をきり、のりを巻く。
2 フライパンに油を温め、弱火でさけの両面を2〜3分ずつ焼く。器に盛る。
3 だいこんはすりおろし、ざるにとって自然に水気をきる。しその葉とともに2に添え、しょうゆをかける。

さけの焼きびたし

14 かつおのしぐれ煮

しぐれ煮とは、しょうが入りのつくだ煮のこと。かつおは刺身やたたきがおなじみですが、お手頃価格で手に入る旬の季節は、しぐれ煮もおすすめです。

材料（できあがり量：約300g）

かつお（刺身用・さく）	300g
しょうが	大1かけ（15g）
A　酒	100㎖
みりん	50㎖
砂糖	大さじ3
しょうゆ	50㎖

作り方（調理時間20分）

1. かつおは2㎝角に切る。しょうがは皮ごと細切りにする。
2. 深めのフライパンにAと1を入れ、中火にかける。煮立ったら弱火にして、約5分煮る（時々アクをとり、ふたはしない）。
3. しょうゆを加え、火を強める。再び煮立ったら弱火にして、煮汁にとろみがつくまで約8分煮る。火を強め、鍋を軽くゆすりながら、煮汁が少し残るくらいまで煮つめる。

Memo

かつおの旬は年2回。4～5月頃に出回るものが「初がつお」。秋が「もどりがつお」と呼ばれ、初がつおよりも脂がのっています。皮を除いてある「刺身用」を使います。

Point

しぐれ煮をおいしく仕上げるコツは、照り。仕上げで火を強め、鍋を軽くゆすりながら、煮汁を煮つめて照りやツヤを出します。

保存方法

冷蔵で5日
煮汁ごと保存容器に入れる。

冷凍で1か月
ラップで包み、保存袋に入れる。

だいこんおろしでさっぱりと
かつおのみぞれ煮

ごま油で炒めて、風味UP
かつお飯

弁当

材料（2人分／1人分84kcal）
かつおのしぐれ煮 …………………60g
だいこん …………………………100g
だいこんの葉（あれば）…………少々

作り方
1. だいこんはすりおろし、ざるにとって自然に水気をきる。だいこんの葉は細かく切る。
2. 鍋にだいこんおろしとかつおのしぐれ煮を入れ、中火で煮る。煮立ったら、葉を加えて火を止める。

材料（2人分／1人分435kcal）
かつおのしぐれ煮 …100g
かつおのしぐれ煮の煮汁
　………………大さじ2
味つけザーサイ ………20g
ごま油 …………大さじ1/2
温かいごはん ………300g
いりごま（白）…………少々

〈つけあわせ〉
タアサイ
（またはチンゲンサイ）
　…………………50g

作り方
1. タアサイは根元から縦半分に切る。熱湯でさっとゆで、水にとって水気をしぼる。
2. フライパンにごま油を温め、かつおのしぐれ煮とザーサイを中火でさっと炒める。かつおの煮汁を加え、全体にからめて火を止める。
3. 器にごはんを盛り、1と2をのせる。ごまをふる。

かつおのしぐれ煮

15 自家製ツナ

お手頃なまぐろが手に入ったときに。缶詰のようなくさみがまったくなく、
ほんのりローリエが香ります。うま味が溶け出したツナ油は、ドレッシングや炒めものに使えます。

材料（できあがり量：約350g）

まぐろ（刺身用・さく・赤身）	400g
塩	小さじ1
たまねぎ（薄切り）	1/4個（50g）
A　水	800mℓ
白ワイン	大さじ4
塩	大さじ1
こしょう	少々
ローリエ	1枚
サラダ油	適量

作り方（調理時間40分 ※さます時間、油に漬ける時間は除く）

1. まぐろに塩小さじ1をまぶし、両面によくすりこむ。約20分おき、ペーパータオルで水気をふく。
2. 深めのフライパンにたまねぎとAを入れ、中火にかける。煮立ったら、まぐろを加える。アクをとって弱火にし、約15分煮る（ふたはしない）。そのまま鍋の中でさます。
3. あら熱がとれたら、まぐろをとり出し、手で大きめにほぐす。保存容器に入れ、表面がかくれるくらいまで油をそそぐ。30分後から食べられる。

Memo
まぐろの種類は何でもよいですが、手頃なのはメバチ（写真上）やキハダ（写真下）。メバチは白っぽくやわらかい食感に、キハダは黒っぽくややかための食感になります。

Point
まぐろの両面にまんべんなく、塩をすりこみます。生ぐさみが抜け、おいしく作れます。

保存方法

冷蔵で1週間
保存容器に入れる。

冷凍で1か月
ラップで包み、保存袋に入れる。

サラダに加えて、ボリュームUP
ツナのニース風サラダ
20 min

材料（2人分／1人分212 kcal）
自家製ツナ	70g
サニーレタス	50g
じゃがいも	小1個（100g）
セロリ	40g
卵	1個
黒オリーブ	2個

〈ドレッシング〉*
自家製ツナの油	大さじ1
酢	大さじ1
ケッパー	小さじ1
塩・こしょう	各少々

*市販のものでもOK。

作り方
1. 小鍋に卵とかぶるくらいの水を入れ、強火にかける。沸騰したら弱火にして、約12分ゆでる（黄身を真ん中にしたいときは、沸騰するまで卵を箸でころがす）。水にとり、さめたら殻をむく。
2. じゃがいもは洗って水気がついたまま、電子レンジで約4分（500W・ラップなし）、竹串がスッと通るまで加熱する。皮をむき、くし形に切る。
3. レタスは食べやすくちぎる。セロリは筋をとり、斜め薄切りにする。ゆで卵は縦に4等分する。オリーブは輪切りにする。
4. 器に1、2、3とツナを盛り合わせる。ドレッシングの材料をよく混ぜ合わせ、添える。

ゴロッと大きめのツナがまるでお肉のよう
ツナのトマトクリームパスタ
20 min

材料（2人分／1人分683 kcal）
自家製ツナ	80g
スパゲティ	160g
湯	2ℓ
塩	大さじ1
ミニトマト	100g
たまねぎ	1/4個（50g）
にんにく	小1片（5g）
自家製ツナの油	大さじ1
白ワイン	大さじ2
生クリーム	100mℓ
塩・こしょう	各少々

作り方
1. ミニトマトは半分に切る。たまねぎは薄切りに、にんにくはみじん切りにする。
2. 分量の湯を沸かして塩大さじ1を入れ、スパゲティを表示どおりにゆでる。
3. フライパンにツナの油とにんにくを入れ、弱火で炒める。香りが出てきたら、たまねぎを加え、しんなりするまで炒める。
4. ミニトマトと白ワインを加え、約2分炒める。ツナと生クリームを加え、ひと混ぜして火を止める。
5. ゆであがったスパゲティを加えてあえる。塩、こしょうで味をととのえる。

自家製ツナ

16 いかのマリネ

下ごしらえに少し手がかかるいかは、まとめてさばいてマリネに。
時間がたってもやわらかく、そのまま食べたり、サラダに添えたりと、使い方はいろいろ。
マリネ液も味つけに使えます。

材料（できあがり量：約300g）

- いか…2はい*（600～700g）
- にんにく……………1片（10g）
- 赤とうがらし………………1本
- オリーブ油………………大さじ2

A
- 酢………………………大さじ4
- オリーブ油………………大さじ3
- 塩……………………小さじ1
- こしょう…………………少々
- ローリエ…………………1枚

*内臓などを除いた正味の重量は450～500g。

作り方（調理時間30分 ※漬ける時間は除く）

1. にんにくは薄切りにする。赤とうがらしは、半分に切る。
2. いかは内臓を除き、胴（皮つき）は1cm幅の輪切りに、足は1～2本ずつに切り離す。
3. 保存容器にAを合わせておく。フライパンにオリーブ油大さじ2、にんにく、赤とうがらしを入れて弱火にかけ、にんにくが色づくまで加熱する。にんにくと赤とうがらしをとり出し、Aに加える。
4. フライパンに残った油で、いかを弱火で炒める。3～4分炒め、いかの色が変わったら、熱いうちに3に漬ける。30分後から食べられる。

いかのさばき方

1. 胴の中に指を入れ、内臓のついている部分をはずす。胴を押さえて、内臓をひき抜く。胴の軟骨を除き、中を洗って水気をふく。
2. エンペラ（三角の部分）のつけ根に切り目を入れてひっぱり、胴からはずす。
3. 目の下のところで足と内臓を切り離す。足を切り開き、中心にあるくちばし（丸い形）を除く。足の吸盤を切りとるか指でしごく。

Memo
するめいか（写真右）、やりいか（写真左）など、旬のものでOK。正味の重量を合わせ、同様に作ります。

Point
いかは加熱しすぎるとかたくなってしまいます。やわらかく仕上げるコツは、多めの油を使って弱火で炒めること。

保存方法

冷蔵で 3～4日
保存容器に入れる。

冷凍で 1か月
ラップで包み、保存袋に入れる。

シーフードサラダがあっという間に
いかとたまねぎのサラダ

コンロ
いらず

材料（2人分／1人分173 kcal）

いかのマリネ	80g
紫たまねぎ*	100g
セロリ	1/2本
黒オリーブ（種抜き）	4個
A　いかのマリネ液	大さじ1
レモン汁	大さじ1
ケッパー	小さじ1
こしょう	少々

＊ふつうのたまねぎを使うときは、水にさらして水気をきる。

作り方

1 たまねぎ、セロリ（筋があればとる）、オリーブは薄切りにする。

2 ボールに A を合わせ、1 といかのマリネを入れてあえる。

いかときゅうりの食感の違いが楽しめます
いかときゅうりの さっと炒め

弁当

材料（2人分／1人分304 kcal）

いかのマリネ	150g
きゅうり	2本
しょうが	1かけ（10g）
サラダ油	大さじ1/2
A　いかのマリネ液	大さじ1
しょうゆ	大さじ1

作り方

1 きゅうりは細めの乱切りにする。しょうがは皮をこそげて薄切りにする。

2 フライパンに油を温め、1 をさっと炒める。全体に油がまわったら、いかのマリネと A を加える。ひと混ぜして火を止める。

いかのマリネ

おかずのタネを詰めるだけ！
朝のスピード弁当

がっつり食べたい
牛丼弁当

紅しょうが

青菜のナムル
▶ (p.86)
＊ちりめんじゃこ少々をのせます。

牛肉のすき煮
▶ (p.12)

おかずのタネがあれば、
お弁当は「詰めるだけ」で完成！
少し余裕があるときは、タネのアレンジメニューにしても。
食べ飽きることなく、何度でもおかずのタネを楽しめます。

子どもがよろこぶ
ミートボール弁当

おむすび
＊ゆかりとごまを
　まぶします。

ミニトマト

うずら卵＆きゅうり

ミートボール
▶ (p.32)
＊上の写真はケチャップ味(p.33)。

塩かぼちゃ
▶ (p.106)

65

お弁当を詰めるコツ

まず、ごはんを詰めてさまします。

おかずは、大きいものから詰めると、詰めやすい。

あえものなど、量や形が調整しやすいものは、あとから。

ゆで野菜やミニトマトなどをすき間に詰めます。中身が動きにくくなり、彩りもよくなります。

食欲そそる

とりチャーシュー弁当

とりチャーシュー
▶ (p.16)

ごはん
＊ごまをふります。

ゆでた
ブロッコリー

ゆで卵

もやしのナムル
▶ (p.102)

お弁当のいたみを防ぐコツ

- **おかずは温め直す**
作りおきのおかずは、温め直すと安心。少量なら、電子レンジが便利です。

- **よくさます**
熱いうちに詰めて蒸気がこもると、いたみの原因に。トレーや皿に広げると、早くさめます。

- **水気をとる**
ミニトマトなど生野菜の水気は、しっかりふきとってから詰めます。

- **保冷剤をつける**
冷気は上から下にいくので、弁当箱の上にのせます。

さっぱりヘルシー
さけ弁当

- 雑穀ごはん&梅干し
- 卵焼き
- ゆでたさやいんげん
- さけの焼きびたし (p.56)
- ごぼうの塩きんぴら (p.108)

67

おかずのタネ
冷凍保存のコツ

1 よくさます
蒸気がこもっていたみの原因にならないように、ラップや保存袋で密閉する前によくさまします。

2 小分けにする
使いやすく小分けします。汁気の少ないものはラップに包み、汁気の多いものは保存袋か保存容器へ。

3 密閉し、冷凍庫へ
ラップで包んだだけでは、庫内ではがれたり、霜やにおいがつくことも。さらに保存袋に入れて密閉しましょう。

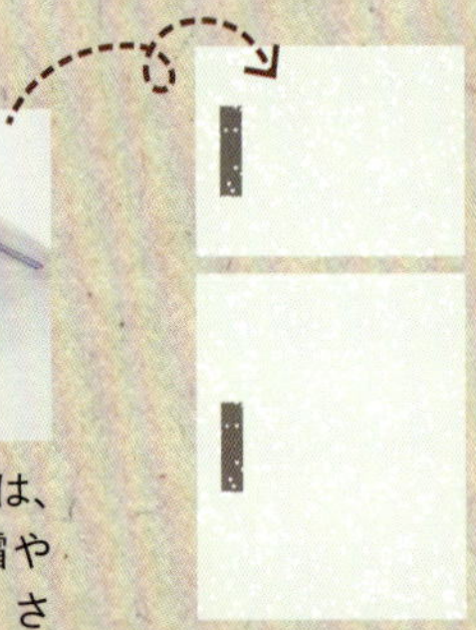

Point 薄く平らにしておくと、早く解凍できます
トレーにのせると薄く平らに冷凍できます。

Point お弁当用は、カップに小分けすると便利です
電子レンジ対応のシリコンカップがおすすめ。ラップで包み、保存袋に入れて冷凍します。

解凍のしかた

冷蔵庫で解凍
冷蔵庫に移し、ゆっくり解凍します。おかずの量や種類にもよりますが、めやすは半日くらい。たとえば夕食に使うときは、朝出かける前に冷蔵庫へ移しておきます。 

電子レンジで解凍
電子レンジを使うとすぐに解凍できますが、加熱しすぎに注意。ようすを見ながら、少しずつ加熱しましょう。解凍（弱）機能を使ってもよいでしょう。

野菜おかずのタネ

健康のため、野菜はたっぷりとりたいもの。
タネにしておくと、
毎回の洗って切って加熱して…の手間が省け、
すぐに野菜が食べられます。
野菜おかずのタネで、毎日の食卓をカラフルに。

17 しょうゆきのこ

冷蔵庫内でかさばるきのこは、加熱するとカサが減って保存しやすくなり、長もちします。
少し濃いめのしょうゆ味なので、調味料代わりにいろいろ使えます。

材料（できあがり量：約400g）

- きのこ ……………………………合計500g*
- A
  - こんぶ ………………………………5cm
  - 酒 …………………………………100㎖
  - みりん ……………………………100㎖
- しょうゆ ……………………………50㎖

*写真はしめじ200g、えのきだけ・しいたけ・エリンギ各100g。

作り方（調理時間20分 ※こんぶをつける時間は除く）

1. 鍋にAを入れ、30分以上つける。
2. きのこは石づきを除き、食べやすく切る（しめじは小房に分ける。えのきだけは長さを半分にしてほぐす。しいたけは薄切り、エリンギは3㎝長さの薄切りにする）。
3. 1の鍋を弱火にかける。細かい泡がプツプツ出てきたら、きのことしょうゆを加える。時々混ぜながら、10分煮る。火を止めて、さます。
   * こんぶも料理に使える。▶p.71 おひたし

Memo

きのこの組み合わせは好みのものでOK。えのきだけは、汁に自然なとろみがついておいしくなるのでぜひ入れて。まいたけやひらたけ、ホワイトぶなしめじなどを使っても同様に作れます。

Point

うま味ととろみをつけるため、こんぶを使います。こんぶは酒とみりんにつけてもどし、水はいっさい使わないので、日もちします。

保存方法

冷蔵で1週間
煮汁ごと保存容器に入れる。

冷凍で1か月
煮汁ごと保存袋に入れる。

ゆでた野菜とあえるだけ
きのことキャベツの おひたし

5 min

弁当

材料（2人分／1人分 45 kcal）

しょうゆきのこ ……………………80g
しょうゆきのこのこんぶ …………少々
キャベツ＊ ………………………150g
＊はくさい、小松菜、ほうれんそうなどでもOK。

作り方

1. キャベツは食べやすく切り、熱湯でさっとゆでる。
2. こんぶは細切りにする。
3. しょうゆきのこと1、2をあえる。

きのこと豚ばら肉のうま味たっぷり
豚きのこの せいろそば

15 min

材料（2人分／1人分 610 kcal）

しょうゆきのこ ………120g
豚ばら肉（薄切り）…100g
ねぎ …………………5cm
そば（乾めん）………200g
A＊ めんつゆ（3倍濃縮）………100mℓ
　　水 ……………200mℓ
一味とうがらし ………少々
＊つけつゆ程度にうすめたもの300mℓでもOK。

作り方

1. ねぎは小口切りにする。豚肉は細切りにする。
2. 鍋にAを入れ、中火にかける。煮立ったら、豚肉を入れる。肉の色が変わったら、しょうゆきのこを加えて軽く温める。
3. 大きめの鍋にたっぷりの湯を沸かし、そばを表示どおりにゆでる。水で洗って水気をきる。器に盛る。
4. 2を別の器に盛り、ねぎをのせて一味とうがらしをふる。そばをつけて食べる。

しょうゆきのこ

魚や肉のソテーに添えて、具だくさんのソースに
魚のソテー・きのこソース

10 min

弁当

材料（2人分／1人分306 kcal）

しょうゆきのこ……………………120g
切り身魚（ぶりなど）……2切れ（200g）
　塩・こしょう………………………各少々
にら……………………………………25g
サラダ油……………………………大さじ1/2

作り方

1 にらは2cm長さに切る。魚に塩、こしょうをふる。
2 フライパンに油を温め、魚の両面を中火で3〜4分ずつ焼き、器に盛る。
3 同じフライパンにしょうゆきのことにらを入れ、さっと炒める。魚にかける。

タネにしっかり味がついているから、調味料代わりになって手軽です。具だくさんのきのこソースで、満足感もUP。

ピリ辛味で、もりもり食べられます
🌱 スパイシーきのこサラダ

5 min

コンロいらず

材料（2人分／1人分108 kcal）

- しょうゆきのこ……………120g
- リーフレタス………………60g
- たまねぎ……………………30g
- A
  - しょうゆきのこの汁……大さじ1
  - 豆板醤（トウバンジャン）……小さじ1/2
  - 酢…………………………大さじ1
  - ごま油……………………大さじ1

作り方

1. リーフレタスは洗って水気をよくきる。たまねぎは薄切りにして水にさらし、水気をきる。器にレタスを敷き、たまねぎをのせる。
2. Aを合わせ、しょうゆきのこを加えて混ぜる。1にのせる。

冷ややっこもよいですが、温やっこにしても
🌱 とうふのきのこあん

10 min

材料（2人分／1人分175 kcal）

- しょうゆきのこ……………120g
- しょうゆきのこの汁………大さじ2
- とうふ（絹）………………1丁（300g）
- ほたて缶詰…………………小1缶（50g）
- 三つ葉（2cm長さに切る）……2〜3本
- A
  - かたくり粉………………大さじ1/2
  - 水…………………………大さじ1/2

作り方

1. 鍋に水100mℓ（材料外）とほたて缶詰（汁ごと）を入れ、中火にかける。煮立ったら、とうふを6等分にして加える。弱めの中火で3〜4分、とうふが温まるまで煮る。
2. しょうゆきのこと汁を加え、ひと煮立ちさせる。塩少々（材料外）で味をととのえる。
3. Aを合わせて2に加え、とろみをつける。器に盛り、三つ葉を散らす。

しょうゆきのこ

73

18 塩はくさい

冷蔵庫内でかさばるはくさいは、だしのうま味がきいたうす塩味のタネに。
カサが減って保存しやすくなり、使うときには〈洗う・切る・煮る〉手間が省けます。

材料（できあがり量：約500g）

はくさい	600g
こんぶ	15cm
水	150㎖
A 塩	小さじ2/3
A 酒	大さじ1・1/2

作り方（調理時間40分　※はくさいを漬ける時間は除く）

1. 鍋に分量の水とこんぶを入れ、30分以上つける。火にかけ、沸騰直前にこんぶをとり出す（こんぶだし）。Aを加えてひと煮立ちさせ、保存容器に移す。
2. はくさいは葉と軸に分ける。葉は3cm幅のざく切りに、軸は3cm角に切る。
3. 大きめの鍋にたっぷりの湯を沸かす。はくさいの軸を約2分ゆでて、ざるにとる。続けて葉を約1分30秒ゆでて、ざるにとる。あら熱をとる。
4. はくさいの水気を軽くしぼり、1に30分以上漬ける。

Point

はくさいは余熱でも火が通るので、ゆですぎないように。漬けるときに水気をしぼりすぎると、うま味が逃げて、筋っぽくなってしまいます。手のひらで軽くはさむ程度でOK。

保存方法

冷蔵で3日
汁ごと保存容器に入れる。

冷凍で1か月
汁気をきってラップで包み、保存袋に入れる。食感は少し変わる。

トッピングで味に変化がつきます
塩はくさいの ちょいのせ3種

3 min

まな板いらず　コンロいらず

材料（1人分／1人分 a：43 kcal・b：13 kcal・c：15 kcal）

塩はくさい（汁気をきる）…各80g
〈トッピング〉
　a　すりごま（白）・マヨネーズ
　　　………………………各少々
　b　ゆかり ………………………少々
　c　けずりかつお …………………少々

作り方

1　塩はくさいを器に盛る。好みのトッピングをのせ、混ぜて食べる。

はくさいが水っぽくなく、うま味が濃い
はくさいと豚肉の 重ね蒸し

10 min

塩はくさい

材料（2人分／1人分224 kcal）

塩はくさい（汁気をきる）…………300g
豚ばら肉（薄切り）………………100g
A｜梅干し ………………小1個（15g）
　｜酒 ………………………小さじ1
　｜しょうゆ ………………小さじ1/2

作り方

1　豚肉は長さを半分に切る。
2　小さめの土鍋に塩はくさいを広げる。その上に肉を1枚ずつ並べる。ふたをして、中火で5〜6分蒸し煮にする。
3　梅干しは種を除き、包丁でたたいてなめらかにする。Aをよく混ぜ合わせ、2にかけて食べる。

あんは、ごはんにのせると中華丼になります

はくさいのあんかけかた焼きそば

20 min

材料（2人分／1人分510 kcal）

塩はくさい（汁気をきる）…300g
牛切り落とし肉……………100g
　酒・しょうゆ…各小さじ1/2
しいたけ………………………4個
にんじん……………………30g
サラダ油……………大さじ1/2

A｜水………………………250ml
　｜オイスターソース………大さじ1
　｜中華スープの素………小さじ1/2
　｜塩……………………小さじ1/4
B｜かたくり粉……………大さじ1
　｜水………………………大さじ1
かた焼きそば（市販）……2玉（100g）

作り方

1. しいたけは軸を除き、7〜8mm幅に切る。にんじんは薄い半月切りにする。牛肉は食べやすく切り、酒としょうゆをまぶして下味をつける。AとBはそれぞれ合わせておく。

2. 深めのフライパンに油を温め、肉を中火で炒める。肉の色が変わったら、しいたけとにんじんを加えてさっと炒める。

3. 全体に油がまわったら、Aを加える。煮立ったら、1分ほど煮て、塩はくさいを加える。再び煮立ったら、Bの水溶きかたくり粉を加え、混ぜながらとろみをつける。

4. 器にかた焼きそばを盛り、3をかける。

塩はくさいは火が通っているから、あとから加えるだけ。でも、うま味は充分。

あえるだけ。洋風の味つけもよく合います

はくさいとサーモンのマリネ

3 min

まな板いらず / コンロいらず

材料（2人分／1人分83 kcal）

塩はくさい（汁気をきる） …………150g
スモークサーモン（切り落とし）…40g
A：
- レモン汁 …………………大さじ1/2
- オリーブ油 ………………小さじ2
- こしょう …………………少々

作り方

1 ボールにAを合わせる。
2 塩はくさいとサーモンを加えてあえる。

早煮えなのに、コクのある味わい

はくさいとほたてのクリーム煮

15 min

材料（2人分／1人分152 kcal）

塩はくさい（汁気をきる） …………200g
ボイルほたて ………………………100g
たまねぎ ……………………1/4個（50g）
コーン缶詰 …………大さじ2（約20g）
バター …………………………………10g
A：
- 水 ……………………………100ml
- スープの素 ……………小さじ1/2

牛乳 ………………………………100ml
B：
- かたくり粉 ……………大さじ1/2
- 水 ………………………大さじ1/2

作り方

1 たまねぎは薄切りにする。Bは合わせておく。
2 深めのフライパンにバターを溶かし、たまねぎを加える。中火で1～2分、しんなりするまで炒める。
3 ほたてとAを加え、煮立ったらふたをして、弱火で約3分煮る。塩はくさい、コーン、牛乳を加えて中火にする。再び煮立ったら、Bの水溶きかたくり粉を加え、混ぜながらとろみをつける。こしょう少々（材料外）をふる。

塩はくさい

19 たまねぎソース

常備しているたまねぎを使いきりたい、そんなときにおすすめです。
しょうががピリッと効いた甘から味で、具だくさんの調味料感覚で使えます。

材料（できあがり量：約480g）

たまねぎ	2個（400g）
しょうが	1かけ（10g）
サラダ油	大さじ1
A｜酒	100mℓ
A｜みりん	大さじ4
A｜しょうゆ	50mℓ

作り方（調理時間20分）

1. たまねぎは2〜3mm幅の薄切りにする。しょうがは皮をこそげてすりおろす。
2. 深めのフライパンに油を温め、たまねぎを中火で約5分炒める。
3. たまねぎがしんなりしたら、Aを加える。煮立ったら、ふたをして弱火で約5分煮る。しょうがを加え、1〜2分煮て火を止める。

Point

たまねぎは食感が残るように、2〜3mm幅の薄切りに。しんなりするくらいまで炒めて、甘みを引き出してから煮ます。

保存方法

冷蔵で1週間
汁ごと保存容器に入れる。

冷凍で1か月
汁ごと保存袋に入れる。

たまねぎソース

たまねぎソースをそのままかけてもOK
🌱 たまねぎドレッシングの とうふサラダ

15 min

タネが味つけと具材の2役をこなします
🌱 春雨の たまねぎソース炒め

10 min

弁当

材料（2人分／1人分133 kcal）

とうふ（もめん） ……………1/2丁（150g）	〈ドレッシング〉 たまねぎソース
レタス ……………80g	……………100g
パプリカ（赤） ……………1/4個（約40g）	A 酢 ………小さじ2 ごま油…小さじ1
わかめ（塩蔵）………10g	塩 ………少々

作り方

1. わかめは洗い、水に約5分つけてもどす。熱湯でさっとゆでて水にとり、食べやすく切る。
2. とうふはペーパータオルで包み、電子レンジで約1分（500W）加熱して水気をきる。あら熱がとれたら、手で大きめにくずす。
3. レタスは食べやすくちぎる。パプリカは長さを半分にして細切りにする。たまねぎソースに A を加えてドレッシングを作る。
4. 器にレタス、わかめ、とうふ、パプリカを盛り、ドレッシングをかける。

材料（2人分／1人分139 kcal）

たまねぎソース	……………100g
春雨	……………40g
にら	……………30g
ごま油	……………小さじ1
糸とうがらし（飾り用・あれば）	……………少々

作り方

1. 春雨は表示どおりに湯につけてもどす（または熱湯でゆでる）。食べやすい長さに切る。
2. にらは3〜4cm長さに切る。
3. フライパンにごま油を温め、春雨を中火で炒める。全体に油がまわったら、たまねぎソースを加えてさらに炒める。にらを加え、ひと混ぜして火を止める。器に盛り、糸とうがらしをのせる。

おなじみの「豚のしょうが焼き」がかんたんに作れます

豚肉のたまねぎソース焼き

15 min

弁当

材料（2人分／1人分256 kcal）

たまねぎソース …………… 150g
豚肉（しょうが焼き用） …… 200g
　かたくり粉 ………… 大さじ2
サラダ油 …………… 大さじ1/2

〈つけあわせ〉
キャベツ ……………………… 80g
かいわれだいこん …… 1/4パック

作り方

1 キャベツはせん切りにする。かいわれは根元を落とす。合わせて水に放してパリッとさせ、水気をきる。

2 豚肉は筋を切り、両面にかたくり粉を薄くまぶす。

3 フライパンに油を中火で温め、豚肉を両面に焼き色がつくまで焼く。たまねぎソースを加え、全体にからめる。

4 器に1と3を盛り合わせる。

肉に粉をまぶして焼くと、やわらかく焼き上がり、味がよくからみます。味つけは、たまねぎソースのみ。

たまねぎソースはスープとパンのダブル使い

🌱 オニオングラタン風スープ

5 min

コンロいらず

材料（1人分／1人分104 kcal）

たまねぎソース	40g
フランスパン（1cm厚さ）	1枚
ピザ用チーズ	10g
熱湯	100㎖

作り方

1 フランスパンにたまねぎソースを適量のせる。ピザ用チーズをのせ、オーブントースターで2〜3分、チーズが溶けるまで焼く。

2 残りのたまねぎソースとこしょう少々（材料外）をカップに入れ、分量の熱湯をそそぐ。1を浮かべる。

やさしい味わい。体が温まります

🌱 たまねぎソースの卵とじうどん

10 min

材料（1人分／1人分438 kcal）

たまねぎソース	80g	水	300㎖
ゆでうどん	1玉	A 中華スープの素	小さじ1/2
卵	1個	塩	少々
かまぼこ	20g		
万能ねぎ	2本		

作り方

1 万能ねぎは3cm長さに切る。かまぼこは厚みを半分に切る。

2 小さめの鍋にAを入れて火にかける。煮立ったらうどんを加えてほぐし、ふたをして弱火で約3分煮る（吹きこぼれに注意）。

3 たまねぎソースを加え、軽く混ぜる。卵をときほぐし、流し入れる。卵が固まってきたら、万能ねぎとかまぼこをのせて火を止める。

20 キャベツのザワークラウト

ザワークラウトとはドイツの保存食で、キャベツの酢漬けのこと。本来は発酵させて作りますが、酢を使って手軽に。調味料代わりに使え、肉料理などがさっぱりと食べられます。

材料（できあがり量：約400g）

- キャベツ　500g
- 塩　小さじ2
- 粒こしょう（白）　2粒
- 赤とうがらし　1本
- ローリエ　1枚
- A
  - 砂糖　10g
  - 白ワイン　大さじ1
  - 酢　25mℓ

作り方（調理時間15分）

1. キャベツは7～8cm長さ、5mm幅のせん切りにする。ステンレス製かホーロー製の鍋に入れて塩を加え、キャベツがしんなりするまで手でもむ（出てきた水分は捨てない）。
2. 粒こしょうはつぶす。赤とうがらしは半分に切り、種を除く。
3. 1の鍋に2とローリエを加え、ふたをして弱火にかける。水分が出てキャベツがしんなりしたら、Aを加え、ひと混ぜして火を止める。

Point

びっくりするくらい大量のキャベツも、塩でもむうちにだんだんカサがへってきます。キャベツから出てくる水分をいかして水を使わないので、うま味が濃く、日もちします。

保存方法

冷蔵で5日
汁ごと保存容器に入れる。

冷凍で1か月
ラップで包み、保存袋に入れる。食感は少し変わる。

サンドイッチに入れて味のアクセントに
🌱 ホットドッグ

5 min

弁当

材料（1人分／1人分382 kcal）
キャベツのザワークラウト（汁気をきる）
　………………………………20g
ロングソーセージ …………1本（30g）
ホットドッグ用パン ………………1本
バター ……………………………5g
トマトケチャップ・マスタード・ピクルス
　…………………………………各適量

作り方
1. ソーセージはさっとゆでる。
2. パンに縦に切りこみを入れ、バターを塗る。ザワークラウトとソーセージをはさみ、ケチャップとマスタードをかける。ピクルスを添える。

ザワークラウトの酸味で、スープがおいしく
🌱 ザワークラウトのポトフ

20 min

材料（2人分／1人分294 kcal）
キャベツのザワークラウト ………80g
ベーコン（ブロック） ……………100g
じゃがいも ……………………1個（150g）
たまねぎ ………………………1/4個（50g）
にんじん ………………………1/2本（75g）
A｜水 …………………………400ml
　｜スープの素 ………………小さじ1
塩・こしょう ……………………各少々

作り方
1. じゃがいもは皮をむいて3cm角に切り、水にさらして水気をきる。たまねぎは1cm幅のくし形に切る。にんじんは1cm厚さの輪切りにする。ベーコンは1cm厚さ、3cm角に切る。
2. 鍋にAと1を入れて火にかける。沸騰したらアクをとって弱火にし、ふたをして約10分煮る。
3. 野菜がやわらかくなったら、ザワークラウトを加えて約3分煮る。塩、こしょうで味をととのえる。

キャベツのザワークラウト

ザワークラウトの酸味でさっぱり。揚げたてが味わえるのも手作りのよいところです

🌱 キャベツのメンチカツ

20 min

弁当

ザワークラウトを入れると、肉の味つけがかんたんにできます。カサ増し効果があるのもうれしい。

材料（2人分／1人分545 kcal）

キャベツのザワークラウト
　　　　　　　　　　　……60g
　たまねぎ………………30g
Ⓐ　合いびき肉…………150g
　とき卵………………1/2個分
　パン粉…………………10g
　塩・こしょう…………各少々
　小麦粉……………大さじ1
Ⓑ　とき卵………………1/2個分
　水………………小さじ1
　パン粉…………………20g
揚げ油……………………適量

〈ソース〉
トマトケチャップ……大さじ1
ウスターソース………大さじ1
〈つけあわせ〉
ベビーリーフ……………30g

作り方

1. ザワークラウトとたまねぎは、みじん切りにする。Ⓑは合わせておく。

2. ボールにⒶを入れ、ねばりが出るまで手でよく混ぜる。2等分して、丸く成形する。小麦粉、Ⓑ、パン粉の順に衣をつけ、真ん中を少しへこませる。

3. 揚げ油を170℃に熱し、**2**を入れて3〜4分揚げる。裏返し、さらに約3分揚げる。よい揚げ色がついたら、とり出して油をきる。

4. 器にベビーリーフを敷き、**3**をのせる。ソースの材料を合わせてかける。

おとな向きの味。パンにのせて食べても
🌱 コールスロー

3 min

コンロいらず｜弁当

材料（2人分／1人分23 kcal）

キャベツのザワークラウト ………50g
セロリ …………………………………50g
A ┌ 粒マスタード …………大さじ1/2
　└ 塩・こしょう ………………各少々

作り方

1. セロリは4cm長さのせん切りにする。
2. ボールにセロリとザワークラウトを入れ、軽く混ぜる。Aを加えてあえる。

ザワークラウトを調味料代わりに
🌱 牛肉とセロリの さっと炒め

10 min

弁当

材料（2人分／1人分214 kcal）

キャベツのザワークラウト ………50g
牛薄切り肉（もも） ………………150g
セロリ …………………………………50g
バター …………………………………10g
粒マスタード ……………………小さじ1

作り方

1. セロリは筋をとり、斜め薄切りにする。牛肉は3〜4cm長さに切る。
2. フライパンにバターを溶かし、1を炒める。肉の色が変わってセロリがしんなりしたら、ザワークラウトと粒マスタードを加える。さっと炒めて火を止める。

キャベツのザワークラウト

21 青菜のナムル

洗って、ゆでて、水にとって…と、手がかかる青菜は、まとめてゆでると案外ラク。
塩味をつけて油をまぶすナムル風のひと手間で、ふつうにゆでた青菜よりも日もちします。
栄養満点で料理の彩りにもなる、便利なタネです。

材料（できあがり量：約250g）

青菜*	300g
湯	1.5ℓ
塩	大さじ1
サラダ油	小さじ1

*小松菜、ほうれんそうなど。

作り方（調理時間10分）

1. 鍋に分量の湯を沸かし、塩を加える。青菜を根元から入れ、約2分、少しかためにゆでる。すぐに水にとり、もう一度水をかえて水気をよくしぼる。
2. 3cm長さに切る。ボールに入れ、油をまぶす。

Memo

上のレシピでは小松菜を使っていますが、ほうれんそうでも同様に作れます。小松菜のほうがシャキシャキした食感になります。

Point

油をまぶすと、薄い油の膜ができて、青菜の水分が出にくくなります。味もまろやかになり、おいしくなります。

保存方法

冷蔵で3日
保存容器に入れる。

冷凍で1か月
ラップで包み、保存袋に入れる。食感は少し変わる。

子どもも食べやすい味
🌱青菜のチーズおかかあえ

3 min

コンロいらず　弁当

材料（2人分／1人分47 kcal）
青菜のナムル……………………60g
プロセスチーズ…………………20g
けずりかつお……………………1/2パック

作り方
1. チーズは7～8mm角に切る。
2. 材料全部を混ぜ合わせる。

青菜を芯にすると、巻きやすい
🌱青菜のだし巻き卵

10 min

弁当

材料（2人分／1人分127 kcal）
青菜のナムル……………………20g
卵…………………………………3個
A｜めんつゆ（3倍濃縮）…大さじ1/2
　｜水………………………大さじ2・1/2
サラダ油…………………………少々

作り方
1. ボールに卵を割りほぐし、Aを加えて混ぜる。
2. 卵焼き器に油を温め、1を1/3量流し入れる。半熟になったら、青菜を奥に細長く並べ、奥から手前に巻いていく。
3. 焼けた卵を奥に戻し、卵焼き器に油を塗る。残りの1の半量を流し入れる。卵の表面が乾いてきたら、奥から手前に巻いていく。これをもう1回くり返す。あら熱をとり、食べやすく切る。

青菜のナムル

87

青菜入りのぎょうざは、驚くほどジューシー
🌱 青菜たっぷりぎょうざ

20 min

弁当

材料（24個分／6個分229kcal）

青菜のナムル……………100g	砂糖………小さじ1	熱湯……………100mℓ
豚ひき肉…………………120g	Ⓐ しょうゆ…小さじ1	〈たれ〉
しょうが…1かけ(10g)	こしょう………少々	しょうゆ………小さじ1
Ⓐ 酒………………大さじ1	ぎょうざの皮……24枚	酢………………大さじ1
ごま油………大さじ1/2	サラダ油………大さじ1	ラー油……………少々

作り方

1. 青菜はみじん切りにする。しょうがは皮をこそげてすりおろす。

2. ボールに豚ひき肉とⒶを入れ、ねばりが出るまで手でよく混ぜる。青菜を加えて混ぜる。

3. 2をトレーなどに入れ、24等分する。ぎょうざの皮で包む。

4. フライパンに油を温め、ぎょうざを放射状に並べる。分量の熱湯を加え、ふたをして中火で約4分蒸し焼きにする。ふたをとり、残った水分をとばしてパリッとさせる。たれの材料を合わせて添える。

塩味つきの青菜を入れるので、肉あんにしっかり味がついておいしい。

甘くない、大人向けのごまあえです
🌱 青菜のごまあえ

3 min

まな板いらず / コンロいらず / 弁当

材料（2人分／1人分33 kcal）
青菜のナムル……………………100g
すりごま(黒)……………大さじ1・1/2
塩………………………………………少々

作り方
1 材料全部を混ぜ合わせる。

シンプルで、クセになる味わい
🌱 青菜とじゃこのチャーハン

10 min

弁当

材料（2人分／1人分422 kcal）
青菜のナムル……………………40g
ちりめんじゃこ…………………20g
卵………………………………………1個
温かいごはん……………………300g
サラダ油………………大さじ1・1/2
しょうゆ………………………小さじ1

作り方
1 青菜は粗みじんに切る。卵は割りほぐす。
2 フライパンに油を中火で温め、卵を流し入れる。半熟になったら、ごはんを加えて炒める。
3 ごはんがパラパラになったら、青菜とちりめんじゃこを加え、さらに炒める。全体が混ざったら、鍋肌からしょうゆを回し入れ、ひと混ぜして火を止める。

青菜のナムル

タネ 22 夏野菜のワイン蒸し

カラフルな夏野菜をたっぷり使います。冷たいまま食べてもおいしいので、夏の野菜不足解消に。野菜のうま味を生かしたシンプルな味つけなので、アレンジがきます。

材料（できあがり量：約550g）

- パプリカ(赤)……………1個(150g)
- パプリカ(黄)……………1個(150g)
- ズッキーニ………………1本(150g)
- たまねぎ…………………1個(200g)
- にんにく……………………1片(10g)
- オリーブ油…………………大さじ2

A
- 白ワイン…………………大さじ2
- 塩………………………小さじ1/2
- こしょう……………………少々

作り方（調理時間25分）

1. パプリカ、ズッキーニ、たまねぎは1.5cm角に切る。にんにくは薄切りにする。
2. 大きめのフライパンにオリーブ油とにんにくを入れ、温める。香りが出てきたら、野菜を入れて中火で2〜3分炒める。
3. 全体に油がまわったら、Aを加えて全体を混ぜる。ふたをして、弱火で10〜12分蒸し煮にする（途中で1〜2回混ぜる）。

Point

水は加えず、ワインと野菜の水分だけで蒸し煮に。野菜のうま味と甘みがぎゅっと凝縮した味わいになります。

保存方法

冷蔵で3〜4日
保存容器に入れる。

冷凍で1か月
ラップで包み、保存袋に入れる。食感は少し変わる。

朝ごはんや夜食にぴったり
ベジライス

5 min

まな板いらず | 電子レンジ

材料（1人分／1人分 423 kcal）

夏野菜のワイン蒸し	100g
温かいごはん	150g
バター	5g
ピザ用チーズ	15g
黒こしょう	少々

作り方

1. 器にごはんを平らに盛る。バターと夏野菜のワイン蒸しをのせ、チーズを散らす。
2. ラップをかけ、電子レンジで約2分（500W）、チーズが溶けるまで加熱する。黒こしょうをふり、全体を混ぜて食べる。

いつもとは、ひと味変えて
夏野菜とツナのぶっかけそうめん

10 min

夏野菜のワイン蒸し

材料（2人分／1人分 482 kcal）

夏野菜のワイン蒸し	200g
ツナ缶詰（油漬け）	小1缶（80g）
しその葉	2枚
そうめん	150g
A　めんつゆ（3倍濃縮）	50mℓ
A　水	150mℓ

作り方

1. Aは合わせて、冷蔵庫で冷やす（Aの水を氷水にしても）。
2. しその葉はせん切りにし、水にさらして水気をきる。ツナは油をきる。
3. そうめんは表示どおりにゆでる。流水でもみ洗いしてぬめりをとり、水気をきる。
4. 器にそうめん、夏野菜のワイン蒸し、ツナを盛り、しそをのせる。Aをかけて食べる（好みで、酢少々を加えてもおいしい）。

具だくさんのカレーがあっという間にできます

夏野菜たっぷりドライカレー

15 min

まな板いらず

材料（2人分／1人分546 kcal）

- 夏野菜のワイン蒸し …………250g
- 合いびき肉 …………………120g
- バター …………………………10g
- カレー粉 ……………………大さじ1

A
- トマトケチャップ ……大さじ1
- ウスターソース ……大さじ1/2
- 塩 ……………………小さじ1/6
- こしょう ………………………少々
- 水 ……………………………100mℓ

温かいごはん …………………300g

作り方

1. 深めのフライパンにバターを溶かし、合いびき肉を中火で炒める。肉の色が変わったら、カレー粉を加えてさらに炒める。
2. カレー粉の香りが出て全体がなじんだら、Aを加える。煮立ったら弱めの中火にしてふたをし、7〜8分煮る（時々混ぜる）。
3. 夏野菜のワイン蒸しを加え、ふたをして中火で2〜3分煮る。
4. 器にごはんを盛り、3をかける。

野菜のうま味が詰まっているから、煮こまなくてもおいしい。包丁とまな板を出さずに作れるのも、ラク。

卵に混ぜて焼くだけ
🌱 ベジオムレツ

15 min

弁当

材料（2人分／1人分236 kcal）
夏野菜のワイン蒸し	100g
ロースハム	2枚
卵	3個
A　牛乳	大さじ1
塩	少々
バター	10g

作り方
1. ハムは1cm角に切る。
2. ボールに卵を割りほぐし、Aを加えて混ぜる。夏野菜のワイン蒸しとハムを加えて混ぜる。
3. フライパン（直径18cmくらい）にバターを中火で溶かし、2を流し入れる。箸で大きく混ぜながら、半熟になるまで加熱する。卵が固まりかけて焼き色がついたら、ひと回り大きい皿をかぶせ、フライパンごと裏返して卵を皿にとる。そのまま卵をすべらせてフライパンに戻す。
4. 裏面にもよい焼き色がついたら、食べやすく切って器に盛る。

あさりから、よいだしが出ます
🌱 夏野菜とあさりのミネストローネ

7 min

まな板いらず

材料（2人分／1人分114 kcal）
夏野菜のワイン蒸し	200g
あさり（砂抜き済み）	200g
白ワイン	大さじ2
A　トマト水煮缶（ホール）	200g
スープの素	小さじ1
水	100ml
塩・こしょう	各少々

作り方
1. トマト缶は粗くくずす。あさりは殻をこすり合わせてよく洗う。
2. 鍋にあさりと白ワインを入れ、中火にかける。ふたをして2～3分加熱し、口が開いたものからとり出す（汁は残しておく）。
3. 2の鍋にAと夏野菜のワイン蒸しを加える。煮立ったら、あさりを戻し入れ、塩、こしょうで味をととのえる。

夏野菜のワイン蒸し

93

23 ごまひじき

水でもどすのが面倒と思いがちな乾物ですが、まとめてもどすと、案外ラクなもの。
定番の煮ものよりも濃いめの味で、ごまのプチプチとした食感がよいアクセントになります。

材料（できあがり量：約120g）

- 芽ひじき ……………………… 20g
- ごま油 ………………………… 大さじ1/2
- A
  - 酒 …………………………… 50ml
  - 塩 …………………………… 小さじ1/3
  - しょうゆ …………………… 小さじ1
- いりごま（白） ……………… 大さじ1

作り方（調理時間15分 ※もどす時間は除く）

1. ひじきはボールに入れてさっと洗う。たっぷりの水に10～15分つけてもどす。目の細かいざるにとって水気をきる。
2. フライパンにごま油を温め、中火でひじきを炒める。全体に油がまわったら、Aを加える。中火で約8分、混ぜながら煮る。
3. 汁気がほとんどなくなったら、ごまを加えて全体を混ぜる。

Memo
長ひじき20gでも同様に作れます。芽ひじきよりも、しっとりやわらかい食感です。アレンジ料理に使うときは、食べやすく切ってから使いましょう。

Point
ひじきのもどし具合は、手でさわってみて、ほどよい弾力があるくらいがめやす。もどす時間は、商品の表示があれば、それに従います。

保存方法

冷蔵で10日
保存容器に入れる。

冷凍で1か月
ラップで包み、保存袋に入れる。

朝ごはんや弁当に、大活躍！
ひじきのおむすび & 卵焼き

20 min

弁当

〈おむすび〉
材料（4個分／1個139 kcal）

ごまひじき ………… 30g
桜えび（乾燥） ……… 5g
温かいごはん ……… 300g

作り方
1 材料を全部混ぜ、4等分して、むすぶ。

〈卵焼き〉
材料（2人分／1人分99 kcal）

ごまひじき ………… 20g　　みりん ……… 小さじ1
卵 …………………… 2個　　サラダ油 …… 少々

作り方
1 卵は割りほぐし、ごまひじきとみりんを混ぜる。
2 卵焼き器に油を温め、1を1/3量流し入れる。半熟になったら、奥から手前に巻いていく。焼けた卵を奥に戻し、卵焼き器に油を塗る。残りの1の半量を流し、半熟になったら手前に巻いていく。もう1回くり返す。食べやすく切る。

からしがかくし味です
ひじきとれんこんの マヨサラダ

10 min

弁当

材料（2人分／1人分142 kcal）

ごまひじき …………………… 20g
れんこん ……………………… 120g
　酢 …………………………… 大さじ1/2
かに風味かまぼこ …………… 2本（30g）
A┃マヨネーズ ………………… 大さじ2
　┃練りがらし ………………… 小さじ1/2
〈つけあわせ〉
サラダ菜 ……………………… 4枚

作り方
1 れんこんは皮をむき、2mm厚さの半月切りかいちょう切りにする。水にさらして水気をきる。
2 鍋に湯300mℓ（材料外）を沸かし、酢を加える。れんこんを加えて1〜2分ゆで、ざるにとってさます。
3 ボールにAを合わせ、れんこんを加えてあえる。ごまひじきと、かにかまをほぐして加え、ざっと混ぜる。サラダ菜と一緒に器に盛る。

ごまひじき

ひじきで、味つけかんたん。居酒屋風のおつまみに
ひじきの塩つくね

20 min

弁当

材料（2人分／1人分250kcal）

ごまひじき	30g
豚ひき肉	160g
A 塩	小さじ1/6
A ねぎ	1/2本（50g）
A とき卵	1/2個分
かたくり粉	大さじ1/2
ごま油	小さじ1
レモン（くし形切り）	1/8個×2つ

作り方

1. ねぎはみじん切りにする。
2. ボールにひき肉とAを入れ、ねばりが出るまでよく混ぜる。ごまひじきを加え、全体がよく混ざったら、かたくり粉を加える。6等分し、小判形にまとめる。
3. フライパンにごま油を温め、2を中火で焼く。焼き色がついたら裏返し、ふたをして弱火で3〜4分、火が通るまで焼く。器に盛り（串に刺しても）、レモンを添える。

ひじきに味がついているので、ひき肉には塩を加えるだけで充分おいしい。

ひじきがよくからんで、おいしい
🌱 しめじのひじき炒め

5 min

弁当

材料（2人分／1人分42 kcal）

ごまひじき	20g
しめじ	1パック（100g）
A　オイスターソース	小さじ1
酒	小さじ1
サラダ油	小さじ1

作り方

1 しめじは根元を切り落とし、小房に分ける。Aは合わせておく。

2 フライパンに油を温め、しめじを中火で炒める。全体に油がまわったら、ごまひじきとAを加える。しめじがしんなりしたら、火を止める。

卵を使わない、もちもち食感の生地
🌱 ひじきとねぎのお焼き

15 min

材料（2人分／1人分135 kcal）

ごまひじき	20g
お好み焼き粉	50g
ちくわ	小1本
万能ねぎ	50g
サラダ油	小さじ1/2
ぽん酢しょうゆ	大さじ1

作り方

1 万能ねぎは3～4cm長さの斜め切りにする。ちくわは5mm幅の輪切りにする。

2 ボールにお好み焼き粉と水150mℓ（材料外）を入れて混ぜる。1とごまひじきを加えて混ぜる。

3 フライパンに油を温め、2を流し入れて（直径20cmくらい）、中火で約5分焼く。焼き色がついたら裏返し、弱火で5～6分焼いて火を通す。

4 6～8等分に切って器に盛り、ぽん酢を添える。

ごまひじき

24 切り干しだいこんマリネ

栄養とうま味が凝縮されておいしく、切る手間が省ける切り干しだいこん。
生のだいこんよりもシャッキリした食感で、酸味とこしょうの風味がきいた大人向けの味つけです。

材料（できあがり量：約200g）

切り干しだいこん……………………30g
A
- 砂糖………………………小さじ1
- 塩…………………………小さじ1/2
- 酢…………………………大さじ3
- サラダ油…………………大さじ2
- 黒こしょう………………少々

作り方（調理時間10分 ※もどす時間と漬ける時間は除く）

1. 切り干しだいこんは水で洗い、ひたひたの水に10～15分つけてもどす。水気を軽くしぼる。
2. 熱湯で切り干しだいこんを2～3分ゆでて水気をきり、あら熱がとれたら水気をしぼる。
3. 保存容器にAを合わせ、2を20分以上漬ける。

Point

乾物である切り干しだいこんは、水でもどして使います。もどし時間は10～15分が一般的ですが、表示があれば、そのとおりに。もどし汁にはうま味が溶け出ていて、みそ汁や煮ものに使えます。

保存方法

冷蔵で **1週間**
保存容器に入れる。

冷凍で **1か月**
ラップで包み、保存袋に入れる。

タネがドレッシング代わりになります
切り干しだいこんの レタスカナッペ

5 min

コンロ いらず

材料（2人分／1人分53 kcal）
切り干しだいこんマリネ …………60g
レタス ………………………………小6枚
ミニトマト …………………………3個
しその葉 ……………………………2枚

作り方
1 切り干しだいこんは2cm長さに切る。ミニトマトは縦に4つ割りにする。しそは細切りにし、水にさらして水気をきる。
2 1をよく混ぜ合わせ、レタスにのせる。

ピクルス風に使って、食感と味のアクセントに
切り干しだいこんのせ カルパッチョ

5 min

コンロ いらず

材料（2人分／1人分193 kcal）
切り干しだいこんマリネ …………40g
たいの刺身 …………………………150g
塩 ……………………………………少々
A｜オリーブ油 ………………小さじ1
　｜しょうゆ …………………小さじ1/2
イタリアンパセリ（飾り用・あれば）
　………………………………………2枝

作り方
1 切り干しだいこんは粗みじんに切る。たいは薄く切る。Aはよく混ぜ合わせる。
2 皿にたいを並べ、塩をふる。切り干しだいこんをのせ、Aをかける。パセリを飾る。

切り干しだいこんマリネ

99

25 にんじんマリネ

細切りのマリネにすると、にんじんくささがやわらぎます。シャキシャキの食感がおいしく、にんじん嫌いの人も食べられそう。彩りがよいので、弁当用のおかずにもおすすめです。

材料（できあがり量：約300g）

- にんじん ……………………… 2本（300g）
- 塩 ………………………………… 小さじ1/2
- A
  - 酢 …………………………………… 大さじ3
  - サラダ油 …………………………… 大さじ3

作り方（調理時間20分 ※漬ける時間は除く）

1. にんじんは5〜6cm長さ、3mm厚さの斜め薄切りにして、さらに3mm幅の細切りにする。
2. ボールににんじんを入れ、塩をまぶして約10分おく。水気をしぼる。
3. 別のボールにAを合わせ、2を30分以上漬ける（時々混ぜる）。

Point

にんじんは、斜め薄切りにしてから、細切りにします。繊維を断ち切るので、やわらかい食感に。味もよくしみこみます。

保存方法

冷蔵で5日
保存容器に入れる。

冷凍で1か月
ラップで包み、保存袋に入れる。食感は少し変わる。

スプラウトも加えて栄養満点！

にんじんとチーズのサラダ

5 min

コンロいらず ／ 弁当

材料（2人分／1人分93 kcal）

にんじんマリネ	60g
さけるチーズ	1本(30g)
スプラウト*	1パック
けずりかつお	1/2パック

＊写真はブロッコリースプラウトですが、好みのものでOK。

作り方

1. スプラウトは根元を切り落とす（キッチンばさみでもOK）。チーズは細くさく。
2. ボールに1とにんじんマリネを入れ、混ぜ合わせる。器に盛り、けずりかつおをのせる。

沖縄料理のしりしり風に

にんじんの卵炒め

5 min

弁当

材料（2人分／1人分202 kcal）

にんじんマリネ	100g
魚肉ソーセージ	1本
卵	1個
サラダ油	大さじ1/2
しょうゆ	小さじ1/2

作り方

1. 魚肉ソーセージは5mm厚さの斜め切りにする。卵は割りほぐす。
2. フライパンに油を温め、ソーセージを炒める。軽く焼き色がついたら、にんじんマリネを加えてさっと炒める。
3. 卵を回し入れて炒め、卵が少し固まったら、しょうゆを鍋肌から回し入れる。ひと混ぜして火を止める。

にんじんマリネ

26 もやしのナムル

安いからと、つい買いすぎてしまうもやし。
いたみやすいので、このタネにして保存しましょう。
飽きのこないシンプルな味つけで、料理にボリュームを出したいときに加えるのもおすすめ。

材料（できあがり量：約300g）

- もやし ················ 2袋(400g)
- ┌ 湯 ·················· 1.2ℓ
- └ サラダ油 ············ 小さじ1
- A ┌ 塩 ················ 小さじ1/2
-   └ ごま油 ············ 大さじ1/2

作り方（調理時間5分）

1. もやしは、できればひげ根をとる。
2. 鍋に分量の湯を沸かし、油を入れる。もやしを加え、再沸騰したらざるにとって水気をきる。
3. ボールに A を合わせ、2を熱いうちに加えてあえる。そのまま さます。

Memo
食感がよくなるとはいえ、ひげ根をとるのは、ひと手間。少し割高になりますが、「根切り(根取り)もやし」を買うと、手間が省けます。

Point
湯に油を加えてから、ゆでます。油の膜でもやしがコーティングされ、時間がたっても水っぽくなりません。

保存方法

冷蔵で3日
保存容器に入れる。

冷凍で1か月
ラップで包み、保存袋に入れる。食感は少し変わる。

味つきのもやしとめんがよくからんでおいしい

もやしとえびの塩焼きそば

10 min

弁当

材料（2人分／1人分451kcal）
- もやしのナムル ……150g
- むきえび ……………120g
- Ⓐ 塩 ……………………少々
-    酒 …………………小さじ1
- にら ……………………30g
- 焼きそば用めん ……2玉
- サラダ油 ……………小さじ1
- Ⓑ 酒 …………………大さじ1
-    塩 …………………小さじ1/3
-    ごま油 ……………小さじ1/2
-    しょうゆ …………小さじ1

作り方
1. にらは3～4cm長さに切る。えびは背わたをとり、Ⓐで下味をつける。焼きそば用めんは、袋に切りこみを入れ、電子レンジで約1分（500W）加熱する。Ⓑは合わせておく。
2. フライパンに油を温め、えびを中火で炒める。色が変わったら、めんを加え、ほぐしながら炒める。めんがほぐれたら、にらを加えてさっと炒める。
3. Ⓑを加え、全体を混ぜる。もやしを加え、ひと混ぜして火を止める。

薄切り肉のおかずをボリュームUP

もやしの肉巻き

15 min

弁当

材料（2人分／1人分304kcal）
- もやしのナムル ……150g
- 豚ロース肉（薄切り） ……8枚（180g）
- Ⓐ 塩 …………………小さじ1/6
-    こしょう …………少々
- ごま油 ………………小さじ1
- Ⓑ コチュジャン ……大さじ1/2
-    酒 …………………大さじ1
-    砂糖 ………………小さじ1
- 〈つけあわせ〉
- サニーレタス ………2枚

作り方
1. もやしは汁気を軽くきり、8等分する。Ⓑは合わせておく。
2. 豚肉にⒶをふり、もやしをのせて巻く。
3. フライパンにごま油を温め、巻き終わりを下にして肉を入れる。中火で4～5分、焼き色がつくまで転がしながら焼く。
4. 火を止めて肉を寄せ、フライパンの汚れをペーパータオルでふきとる。Ⓑを加えて中火にかけ、肉にたれをからめて照りを出す。
5. 器にレタスを敷き、4をたれごと盛る。

27 マッシュポテト

みんなが大好きなマッシュポテト。フォークなどでざっくりつぶすくらいで、
充分おいしく作れます。冷凍もできるので、まとめ作りがおすすめです。

材料（できあがり量：約450g）

- じゃがいも ……………………… 3個（450g）
- A
  - バター ……………………………… 15g
  - 牛乳 ……………………………… 大さじ4
  - 塩 ………………………………… 小さじ1/4
  - こしょう …………………………… 少々

作り方（調理時間25分）

1. じゃがいもは皮をむいて8つに切り、水にさらして水気をきる。鍋に入れてひたひたの水を加え、ふたをして強火にかける。沸騰したら弱火にし、約10分ゆでる。

2. いもがやわらかくなったら、鍋に残った湯を捨てる。強火にかけ、鍋を軽くゆすりながら、水分をとばす。火を止め、熱いうちにフォークなどでざっとつぶす。

3. Aを加えてよく混ぜる。再び火にかけ、弱火で1〜2分、木べらなどで鍋底から混ぜながら加熱する。

Memo

粉質でホクホクした食感の男しゃく（写真左）が向きます。粘質で煮くずれしにくいメークイン（写真右）や新じゃがは、やや不向き。

Point

いもをつぶして味つけをしたら、混ぜながらもうひと加熱。味がよくなじみ、なめらかな口当たりになります。

保存方法

冷蔵で3日
保存容器に入れる。

冷凍で1か月
ラップで包み、保存袋に入れる。自然解凍すると、食感がぼそぼそするので、電子レンジで温め直して食べる。

子ども向けなら、粒マスタードは入れなくても
即席ポテトサラダ

5 min

電子レンジ | 弁当

材料（2人分／1人分133kcal）
マッシュポテト ……………………150g
きゅうり ……………………………1/2本
たまねぎ ……………………………30g
塩 ……………………………小さじ1/6
A｜マヨネーズ ………………大さじ1
　｜粒マスタード ……………小さじ1

作り方
1 きゅうりは小口切りにする。たまねぎは長さを半分にして薄切りにする。合わせて塩をふって軽くもみ、水気をしぼる。
2 マッシュポテトはラップをかけ、電子レンジで約40秒（500W）加熱して軽く温める。1とAを加えて混ぜる。

コーンクリーム缶を使って手軽に
コーンポテトグラタン

10 min

弁当

材料（2人分／1人分359kcal）
マッシュポテト ……………………250g
ウィンナーソーセージ ……………4本
ブロッコリー ………50g
A｜コーンクリーム缶詰 …………100g
　｜牛乳 …………大さじ2
　｜塩 …………小さじ1/6
　｜こしょう …………少々
ピザ用チーズ …………40g

作り方
1 ブロッコリーは小房に分けてラップに包み、電子レンジで約1分（500W）加熱する。
2 ソーセージは斜め半分に切る。
3 ボールにAを合わせ、マッシュポテトを加えて混ぜる。耐熱皿に入れ、ソーセージをのせる。ラップをかけ、電子レンジで約1分30秒（500W）加熱する。
4 とり出してブロッコリーとチーズをのせる。オーブントースターで4〜5分、チーズが溶けて焼き色がつくまで焼く。

マッシュポテト

105

タネ 28 塩かぼちゃ

切るのに少し手間がかかり、加熱に時間もかかるかぼちゃは、
まとめて切って電子レンジでチン！
ほくほくに仕上がり、ほんのりついた塩気がかぼちゃの甘味をひき立てます。

材料（できあがり量：約500g）

かぼちゃ ……………………… 1/4個（500g）
塩 ……………………………… 小さじ1/2

作り方（調理時間10分）

1. かぼちゃは種とわたを除く。3cm角、1cm厚さに切る。
2. 耐熱皿に入れて塩をまぶし、並べる。ラップをかけ、電子レンジで約6分（500W）加熱する。ラップをかけたまま、むらしてあら熱をとる（余熱で火が通る）。

Point

均一に火が通るように、かぼちゃは重ならないようにして耐熱皿に並べます。ラップはふんわりとかけましょう。

保存方法

冷蔵で3日
保存容器に入れる。

冷凍で1か月
ラップで包み、保存袋に入れる。食感は少し変わる。

デザート感覚の1品。冷やしてもおいしい
🌱 はちみつレモンかぼちゃ

5 min

コンロいらず｜弁当

材料（2人分／1人分96 kcal）
塩かぼちゃ ……………………… 150g
レモン（輪切り）………………… 1枚
A｜レモン汁 ……………………… 小さじ1
　｜はちみつ ……………………… 大さじ1
ミントの葉（あれば）…………… 少々

作り方
1 レモンは6枚のいちょう切りにする。
2 ボールに🅐を混ぜ合わせる。塩かぼちゃを加えてあえる。器に盛り、レモンとミントを飾る。

ナッツの食感がおいしいアクセントに
🌱 即席かぼちゃサラダ

5 min

コンロいらず｜弁当

材料（2人分／1人分150 kcal）
塩かぼちゃ ……………………… 120g
アーモンド（ロースト済み）……… 10g
A｜クリームチーズ（個包装）
　｜……………………… 1個（約18g）
　｜マヨネーズ …………………… 大さじ1

作り方
1 塩かぼちゃはフォークなどで粗くつぶす。アーモンドは粗くきざむ。
2 ボールに🅐を混ぜ合わせ、塩かぼちゃを加えてあえる。アーモンドを加えてさっくりと混ぜる。

塩かぼちゃ

29 ごぼうの塩きんぴら

定番のしょうゆ味とはひと味変えて、洋風の塩味に。ごぼうの風味がいきています。
かみごたえがあり、アレンジでほかの料理に加えると、ボリュームが出ます。

材料（できあがり量：約200g）

ごぼう	200g
サラダ油	大さじ1
A 白ワイン	大さじ2
A スープの素	小さじ1/4
A 塩	小さじ1/3
こしょう	少々

作り方（調理時間15分）

1. ごぼうはよく洗って皮をこそげる。縦半分にし、3～4cm長さの斜め薄切りにする。水にさらして水気をきる。
2. フライパンに油を温め、ごぼうを中火で約4分炒める。
3. ごぼうがしんなりしたら、Aを順に加え、汁気がなくなるまで炒める。こしょうをふって火を止める。

Point

ごぼうは皮に風味があります。むかずに、包丁の背で表面をこそげます。多少茶色い部分が残るくらいで大丈夫。

保存方法

冷蔵で3～4日
保存容器に入れる。

冷凍で1か月
ラップで包み、保存袋に入れる。食感は少し変わる。

混ぜるだけ。ごぼうの食感で食べごたえあり
🌱 ごぼうライス

ごぼうのうま味でスープの素いらず
🌱 ごぼうスープ

ごぼうの塩きんぴら

5 min

5 min

弁当 | 電子レンジ

材料（2人分／1人分349 kcal）

ごぼうの塩きんぴら	80g
温かいごはん	300g
クレソン	20g
バター	10g
塩・こしょう	各少々
粉チーズ	小さじ2

作り方

1 クレソンは1cm長さに切る。ごぼうの塩きんぴらは、ラップをかけ、電子レンジで約1分（500W）加熱して温める。

2 ボールにごはんとバターを入れて混ぜる。1と塩、こしょうを加えて混ぜる。器に盛り、粉チーズをふる。

材料（2人分／1人分78 kcal）

ごぼうの塩きんぴら	50g
ウィンナーソーセージ	2本
湯	400㎖
塩	小さじ1/6
こしょう	少々

作り方

1 ソーセージは縦半分にして斜め薄切りにする。

2 鍋に分量の湯を沸かし、1とごぼうの塩きんぴらを加える。ふたをして中火で約2分煮る。塩、こしょうを加えて火を止める。

30 だしだいこん
<small>タネ</small>

煮る時間が長くかかるだいこんを、まとめて煮ておきます。食べると、だいこんからジュワッとだしのうま味がしみ出します。冷たいまま食べてもおいしい。

材料
（できあがり量：20切れ・約500g）

- だいこん ……………………… 15cm（約500g）
- ┌ こんぶ ……………………………………… 10cm
- └ 水 …………………………………………… 800mℓ
- 酒 ……………………………………………… 50mℓ
- A ┌ しょうゆ ……………………………… 大さじ1/2
-   └ 塩 ……………………………………… 小さじ1/2

作り方（調理時間50分 ※こんぶをつける時間は除く）

1. 大きめの鍋に分量の水とこんぶを入れ、30分以上おく。
2. だいこんは1.5cm厚さの輪切りにする（10切れ）。少し厚めに皮をむき、半分に切る。
3. 1の鍋にだいこんと酒を加え、落としぶたとふたをして中火にかける。煮立ったら弱火にし、約30分煮る。
4. だいこんがやわらかくなったら、こんぶをとり出す。Aを加え、落としぶたとふたをして、さらに約10分煮る。そのまま鍋の中でさます。
   ＊残った煮汁も使える。▶p.111 即席おでん

Memo
だいこんは部位によって味が変わります。煮ものに向くのは真ん中の部分。上部は甘味があるのでサラダなどの生食に、先端は辛味が強いのでみそ汁や漬けものに向きます。

Point
だいこんは、鍋の中で煮汁につけてさまします。じわじわとだいこんに味がしみて、おいしくなります。

保存方法

冷蔵で3日
保存容器に入れる。煮汁は別にして翌日まで。

冷凍で1か月
ラップで包み、保存袋に入れる。食感は少し変わる。

煮汁を使ってかんたんに
即席おでん

⏱ 10 min

材料（2人分／1人分157 kcal）

- だしだいこん ……………4切れ（約100g）
- だしだいこんの煮汁* ……………200㎖
- ちくわ ……………大2本
- こんにゃく（アク抜き済み） ……100g
- A
  - 赤みそ ……………30g
  - 砂糖 ……………大さじ2
  - 酒 ……………大さじ1
  - みりん ……………大さじ1

*なければ、だし200㎖としょうゆ小さじ1/2で代用。

作り方

1. ちくわは斜め半分に切る。こんにゃくは1㎝厚さの三角形に切る。
2. 鍋にだしだいこんの煮汁を入れて火にかける。沸騰したら、だしだいこんと**1**を加え、4～5分煮る。
3. 小鍋に**A**を混ぜ合わせ、ひと煮立ちさせる。**2**に添える。

だいこんをカリッと焼いて香ばしく
だいこんと牛肉のステーキ

⏱ 10 min

まな板いらず　弁当

材料（2人分／1人分165 kcal）

- だしだいこん ……………8切れ（約200g）
- 牛肉（焼き肉用） ……………6枚（120g）
- 塩・こしょう ……………各少々
- バター ……………5g
- しょうゆ ……………小さじ1
- クレソン ……………適量
- 黒こしょう ……………少々

作り方

1. 牛肉に塩、こしょうをふる。だしだいこんの汁気をペーパータオルでふく。
2. フライパンにバターを溶かして**1**を並べ、両面をさっと焼く。焼き色がついたら、しょうゆを回し入れて火を止める。
3. 器に**2**を盛り、黒こしょうをふる。クレソンを添える。

ベターホームのお料理教室

ベターホーム協会は1963年に創立。「心豊かな質の高い暮らし」をめざし、日本の家庭料理や暮らしの知恵を、生活者の視点から伝えています。活動の中心である「ベターホームのお料理教室」は、全国18か所で開催。毎日の食事作りに役立つ調理の知識や知恵、健康に暮らすための知識などをわかりやすく教えています。

資料請求のご案内

お料理教室の開講は、5月と11月。パンフレットをお送りします。
ホームページからもお申込みできます。
http://www.betterhome.jp

本部事務局	TEL 03-3407-0471	大阪事務局	TEL 06-6376-2601
名古屋事務局	TEL 052-973-1391	札幌事務局	TEL 011-222-3078
福岡事務局	TEL 092-714-2411	仙台教室	TEL 022-224-2228

料理研究／ベターホーム協会（新保千春・宗像陽子）
撮影／松島 均
スタイリング／半田今日子
デザイン／熊澤正人・林陽子(Power House)
イラスト／ふるやますみ
校正／武藤結子

おかずのタネ
初版発行　2014年3月1日

編集／ベターホーム協会
発行／ベターホーム出版局

〒150-8363
東京都渋谷区渋谷1-15-12
〈編集〉TEL 03-3407-0471
〈出版営業〉TEL 03-3407-4871
http://www.betterhome.jp

ISBN978-4-904544-32-7
乱丁・落丁はお取替えします。本書の無断転載を禁じます。
© The Better Home Association,2014,Printed in Japan